천국은 이웃의 발 아래

IVP(InterVarsity Press)는
캠퍼스와 세상 속의 하나님 나라 운동을 지향하는
IVF(InterVarsity Christian Fellowship)의 출판부로
생각하는 그리스도인을 위한 문서 운동을 실천합니다.

천국은 이웃의 발 아래
오두막 공동체에서 길어 낸 지혜

이재영

ivp

차례

들어가는 글 7

1부 오두막에서 길어 낸 지혜

- 고통은 우리를 빚으시는 하나님의 손길 15
- 가난은 하나님의 행복을 만나는 공간 20
- 믿음은 서로 먹여 주는 것 24
- 기쁨은 사랑이 지나간 자리의 흔적 28
- 행복은 함께 누려야 할 의무 32
- 감사는 모든 이웃과 함께 드리는 것 36
- 평화는 애써 채우려 하지 않는 것 41
- 전도는 삶을 나누는 공동체로의 초대 45
- 천국은 이웃의 발 아래 50

2부 참된 사랑의 모습

- 가을이 오면 55
- 친해지면 다 해결됩니다 59
- 더 사랑하는 쪽이 더 아프지요 63
- 3등을 원하는 아이의 알맞음처럼 68
- 약함을 유지하고 지키는 힘 72
- 다양성을 일구는 공동체 77
- 다 같이 한 몸 되어 평화롭게 81
- 빛은 어둠과 다투지 않습니다 사라지게 할 뿐입니다 84
- 음식의 가장 안전한 저장고는 이웃의 배 87
- 우리 모두에게는 우아하게 살 권리와 책임이 있습니다 91

3부 진리는 땅에서 솟아나고

- 희년을 사는 공동체 97
- 안전거리 확보하기 106
- 네가 흙으로 돌아갈 때까지 111
- 농부는 생태 목회자입니다 120
- 물신 숭배와 종말에 대비하여 129
- 모든 피조물이 이 거룩한 평화와 감사에 135

들어가는 글

『천국은 이웃의 발 아래』는 오두막 공동체의 삶과 지혜를 담은 책입니다. 다시 말해, 이 책은 골방에서 탄생한 것이 아니라, 오두막 공동체라는 역동 속에서 자라난 것입니다. 그러므로 책을 시작하기에 앞서 오두막 공동체를 간략하게라도 설명하는 것이 순서겠습니다.

오두막 공동체는 1983년에 시작되었습니다. 예수님이 마태복음 5장 46-47절에서 하신 질문이 나를 사로잡았기 때문입니다.• 그 질문에 대답하기 위해 처음 23년간은 출소자와 알코올 중독자와 함께 살며 부산과 그 인근 지역을 전전

• "너희가 너희를 사랑하는 자를 사랑하면 무슨 상이 있으리요 세리도 이같이 아니하느냐. 또 너희가 너희 형제에게만 문안하면 남보다 더하는 것이 무엇이냐 이방인들도 이같이 아니하느냐."

했습니다. 2006년 합천으로 이주한 후에는 심신 미약자들과 그 부모들이 합류하며 안정적인 공동체가 되었습니다. 현재 오두막은 많은 동역자의 후원에 힘입어, 약 1.5킬로미터에 달하는 아름다운 계곡을 따라 2만여 평의 마을 공동체를 이루어 살고 있습니다.

오두막에는 공동체의 지향을 담은 표어가 세 개 있습니다.

1. 가장 낮은 자의 눈높이와 가장 느린 자의 속도가 모두의 기준이 되어야 한다.
2. 변화를 강요하기보다 이 모습 이대로 함께 성전(그리스도의 몸)을 이루는 삶을 먼저 지향하자.
3. 서로, 더불어, 함께, 같이라는 관계적·공동체적 수식어를 모든 사고와 행동에 더하자.

전작인 『오두막』은 이 표어 아래 공동체로 함께 살아온 과정을 담은 책입니다. 『오두막』이 출간되고 4쇄까지 거듭

하는 동안 책과 입소문을 통해 오두막 공동체에 관심을 갖게 된 사람들의 방문이 끊이지 않았습니다. 그들은 여러 고민과 질문을 가져왔고, 우리는 그들에게 공동체의 삶을 들려주었습니다. 이러한 과정을 통해 우리는 말씀과 믿음의 본질을 재고하는 시간을 가질 수 있었습니다. 나는 여러 방문객과 대화를 나누며 깊어지고 단단해진 사유를 이 책에 담았습니다.

  1부 "오두막에서 길어 낸 지혜"는 우리가 쉽게 사용하는 단어들을 다시 생각해 보는 이야기입니다. 2부 "참된 사랑의 모습"은 오두막 공동체가 경험한 일화와 그 속에서 내가 깨달은 바를 글로 풀었습니다. 3부 "진리는 땅에서 솟아나고"는 오두막 공동체가 중요하게 생각하는 '토지 공동체'와 '생태적 삶'에 대해 서술했습니다.

> 예수께서 이르시되 내가 곧 길이요 진리요 생명이니 나로 말미암지 않고는 아버지께로 올 자가 없느니라. (요 14:6)

  행위가 아닌 믿음으로 구원받는다는 말씀은 분명 진

리이지만, 그 길을 가지 않는 사람이 이를 수 있는 하나님의 나라(천국)는 없을 것입니다. 예수님의 길을 간다는 것은 예수님을 닮아 간다는 것입니다. 그분을 닮기 위해서는 말씀을 육화하는 실체적 삶을 살아야 합니다. 그분은 살덩이가 된 말씀이시기 때문입니다.* 신앙이 교리와 말씀에 대한 추상적 관념 속에만 머문다면 영지주의 이단과 다를 바 없을 것입니다.

예수님은 몸을 입으신 진리요 영광이며 몸으로 다가오시는 충만한 은혜입니다. 『천국은 이웃의 발 아래』는 그러한 몸의 지향을 담은 이야기입니다. '발 아래'라는 영적 현주소를 지향하는 일화들과 그에 대한 복음적 이해를 서술했습니다. 우리와 함께하시는 성자 예수님은 양과 염소의 비유에서 주린 자, 목마른 자, 나그네 된 자, 헐벗은 자, 병든 자, 옥에 갇힌 자의 모습을 하고 계십니다(마 25장). 이런 이들과 함께 공동체로 살아가는 삶이 예수님과 동행하는 삶입니다.

이렇게 느리고 낮은 자들과 함께 살고자 하는 우리 오두막 공동체는 여러 곳에 선한 영향력을 끼치고 있습니다. 오두막에 감명받은 몇몇 목사님은 실제로 공동체를 시작하기도

- "말씀이 육신이 되어 우리 가운데 거하시매 우리가 그의 영광을 보니 아버지의 독생자의 영광이요 은혜와 진리가 충만하더라"(요 1:14).

했습니다. 또한 우리는 모든 지상 사명인 '선교'를 2019년부터 해외로 확장했습니다. 재정적 여유는 별로 없지만, 동역자들이 늘어나면서 시간적 여유가 생긴 덕분입니다. 러시아에 복음을 전하고 북한 동포를 돕기 위해 몇몇 공동체와 협력하여 연해주 우수리스크 할올 지역에 54만 평의 농장을 운영하기 시작했고, 2021년부터는 아프리카 말라위, 케냐, 남수단 공화국 등 가난한 나라의 자립을 위해 기술 학교를 설립하는 사역을 감당해 왔습니다. 공동체 가족 모두가 관련 사역에 즐겁게 동참하고 있습니다.

신앙은 나 홀로 누리는 하나님의 선물이 결코 아닙니다. 하나님이 주신 말씀과 그 말씀에 대한 깨달음, 영적 체험은 함께 나누어야 할 은혜라고 생각합니다. 이러한 생각은 지난 4년 동안 쓰고 또 쓰는 지난한 과정을 겪으면서도 이 책을 굳이 펴내려 한 동기이기도 합니다.

프란체스코 교황이 말했듯이 우리는 저마다 타고난 하나님 나라의 이야기꾼이 되어야 합니다. 오두막의 이야기가 이 책을 읽는 여러분의 진솔한 신앙과 삶의 이야기와 만나서 풍성히 퍼져 나가기를 기대하며 책을 펴냅니다.

모든 공동체에서 모든 구성원이 기쁘게 연합할 수 있

는 삶의 장이 이루어졌으면 하는 바람으로 간절한 기도를 올립니다.

아멘.

2024년 6월 오두막에서

이재영

1부
오두막에서 길어 낸 지혜

내가 주릴 때에 너희가 먹을 것을 주었고
목마를 때에 마시게 하였고 나그네 되었을 때에 영접하였고
헐벗었을 때에 옷을 입혔고 병들었을 때에 돌보았고
옥에 갇혔을 때에 와서 보았느니라.

(마 25:35-36)

고통은 우리를 빚으시는
하나님의 손길

> 여자가 해산하게 되면 그 때가 이르렀으므로 근심하나 아기를 낳으면 세상에 사람 난 기쁨으로 말미암아 그 고통을 다시 기억하지 아니하느니라. 지금은 너희가 근심하나 내가 다시 너희를 보리니 너희 마음이 기쁠 것이요 너희 기쁨을 빼앗을 자가 없으리라. (요 16:21-22)

발달 장애를 가진 영기는 그의 어머니에게 감당하기 힘든 애물단지였습니다. 그랬던 영기가 오두막에 온 지 어느덧 10년이 넘었고, 이제 영기는 오두막에 없어서는 안 될 '해피 메이커'입니다. 오두막 식구들이 꾸준히 그와 대화하고 관계해 온 결과입니다. 우리는 영기와 함께 어우러져 모든 일을 해냅니다. 적어도 오두막에서 그는 훌륭한 일꾼이며, 오두막을 찾은 손님을 안내하는 중책도 담당하고 있습니다.

이제 영기의 어머니는 그를 하나님의 축복이자 복덩이라고 말합니다. 우리는 이 세대의 어두운 가치관에 함몰되지 않고, 온갖 불합리해 보이는 상황 가운데도 '이 모습 이대로 함께 성전을 이루는 삶'이라는 표어 아래 화해와 일치를 이루려는 공동체입니다.

오늘도 영기는 기쁨이 넘칠 때마다 "성공이야!"를 연발합니다. 정말로 성공 맞습니다. 가끔은 미운 세 살이 되기도 하지만 말이죠.

모든 고통은 우리의 실상을 자각하게 하고 궁극적 해결책이신 하나님을 인식하게 합니다. 광야(미드바르)의 길, 즉 고통의 현장은 하나님이 임재하시는 삶의 지성소(데비르)입니다. 그곳에서 우리는 그 어떤 해결책보다도 하나님의 음성을 먼저 강구해야 합니다.

아우구스티누스는 하나님이 우리에게 넣어 주신 그분의 종자(씨앗)적 형상을 완숙에 이르기까지 빚어 가는 광야의 손길이 바로 '고통'이라고 했습니다. 고통은 우리를 사랑과 영생으로 이끄시는 하나님의 손길이라는 의미지요. 마리아는 가난한 자를 돌보시는 하나님을 찬양했습니다(Magnificat). 맑고 깨끗한 마음을 가진 마리아는 처녀 잉태라는 위험과 고통을 수락함으로써 하나님이 인간의 몸을 입으시는 통로가 되었지요.

　　소년의 집 창설자인 엘로이시어스 슈워츠는 그다지 많지 않은 나이인 61세에 암으로 죽어 가면서 유명한 고백을 남겼습니다. "고통이 내 안에 있으나 나는 고통 안에 있지 않습니다. 나는 하나님 안에 있습니다." 평생 이웃을 사랑하며 살았던 그는 늘 고난을 겪었고, 그 속에서 하나님의 자비와 위로를 경험했을 것입니다. 그리고 마지막에 이르러 그 위로를 다시 한번 충만히 느끼면서 고통을 견뎌 낸 것 아니겠습니까? 파킨슨병으로 고통스럽게 죽어 가면서도 "나는 행복합니다. 여러분도 행복하십시오"라는 유언을 남긴 요한 바오로 2세 역시, 일생을 고통받는 자들과 함께 살아온 사랑과 그 속에서 경험한 하나님의 자비와 위로 때문에 이렇게 말할 수 있었을 것입니다. 고통이 있는 곳에는 고통보다 훨씬 큰 하나님의 자비와 위로가 반드시 있음을 기억해야 합니다. 비참하면 비참할수록 더 큰 자비를 경험하게 되지요.

모든 고통은 하나님의 자비를 경험할 기회입니다. 영기와 어머니의 고통을 오두막 공동체가 함께 나누자 이내 기쁨과 축복이 된 것입니다. 내가 만나는 고통을 사랑의 기회로 사용하십시오. 이것이 이웃을 내 몸같이 계속 사랑하는 비결입니다.

급성 백혈병에 걸린 어느 10세 소녀는 치료받을 방법이 없어 2년 내로 죽을 것이라는 판정을 받았습니다. 소녀와 어머니는 모든 것을 하나님께 맡기기로 하고 그날부터 가능한 한 하나님의 모든 말씀에 순종하려고 노력했습니다. 심지어 음식조차도 레위기 말씀에 따라 직접 농사지은 유기농 재료로 만들었지요. 그 결과 현재 40세가 되도록 이 땅에서의 삶을 누리고 있습니다.

그녀는 SNS에 하루하루의 은혜와 투병 체험을 써서 많은 백혈병 환우에게 공유했고, 소망을 주는 천사라는 별명도 얻었습니다. 고통을 하나님 사랑과 이웃 사랑의 기회로 사용하면서 자신의 삶까지 승리로 이끈 모범이라 할 수 있겠습니다.

"모든 고통은 하나님의 자비를
경험할 기회입니다."

가난은 하나님의
행복을 만나는 공간

돈을 사랑하지 말고 있는 바를 족한 줄로 알라. 그가 친히 말씀하시기를 내가 결코 너희를 버리지 아니하고 너희를 떠나지 아니하리라 하셨느니라. (히 13:5)

경상북도 울진 죽변에는 수산업을 하는 아주 특별한 공동체가 있습니다. 평생 공동체를 위해 헌신해 오신 박진수 장로님의 사업관 역시 아주 특별합니다. 장로님과 청년 어부 한 사람, 공동체 목사님의 사모님 이렇게 세 어부가 날마다 물고기와 대게를 잡아 옵니다. 장로님은 잡아 온다고 하지 않고 붙들어 온다는 표현을 즐겨 쓰지요.

이렇게 붙들어 온 어획물 중 최상품은 귀하게 여기는 분들이나 이웃에게 선물하고, 2등품은 공동체 가족들이 먹고, 3등품을 비롯한 나머지를 시장에 내다 팝니다. 돈을 많이 벌기보다 좋은 어획물을 나눔으로 이웃을 먼저 섬기고 그다음으로 가족들을 부양하려는 것이지요. 3등품을 비롯한 나머지를 파는 것도 배를 운영할 경비를 마련하려는 것뿐입니다.

　　　　나누고 섬기고 누리기 위해 어업을 할 뿐 돈벌이 자체가 목적이 아니라는 점에서, 기독교적 사업의 본보기라는 생각에 적잖이 감동을 받았습니다. 나는 사업가를 비롯하여 농부, 어부가 다들 이렇게 자기 일을 한다면 지구촌의 환경 파괴나 기아 문제도 없을 것이라는 생각을 해 봅니다.

　　　　지구촌에는 120억 명 이상이 먹을 수 있는 식량이 항상 있습니다. 그러나 수요와 공급을 조정해 높은 가격을 유지함으로 이익을 챙기고자 하는 자들 때문에 소위 제3세계의 가난한 사람들은 식량을 구하기 어렵습니다. 또 돈벌이는 언제나 소비를 전제해야 하기에 탐욕적으로 돈을 벌려는 행위는 지구 환경을 파괴하고 많은 쓰레기를 만들어 내지요.

　　　　이러한 상황에 경각심을 가지고 죽변의 공동체처럼 나눔과 누림을 추구하는 사람과 공동체가 많아지면 좋겠습니다.

가난은 창조 섭리가 지속될 수 있는 운동성과 방향성의 근본입니다. 그것은 물과도 성질이 같습니다. 물이 계속 낮은 곳으로 흐르면서 생명을 잉태하고 더 큰 생명의 장인 바다에 이르고 또다시 흐르기 위하여 구름이 되고 비가 되는 것과 같은 운동성과 방향성을 말하는 것입니다. 그래서 노자는 상선약수(上善若水)라 했고• 예수님도 진리이신 당신을 가리켜 생명의 물이라고 하셨습니다.

    가난을 의미하는 헬라어 '푸토코스'는 모든 것일 수 있는 가능성으로 텅 비어 있습니다. 선악과적 배타가 아닌 창조 섭리적 수용과 포용, 즉 아무 이유 없는 사랑 자체입니다. 이는 하나님 자신의 가난인 히브리어 '아나빔'과 동일한 의미입니다. 불교에서 말하는 '무상'이 아무것도 없음이 아니라 아무 전제가 필요 없는 참인 것처럼, 가난도 그냥 가난이 아니

•   '가장 좋은 것은 물과 같다'라는 뜻입니다. 물은 메마른 곳을 적시고 낮은 곳으로 흐르며 어떤 모양의 용기 안에 들어가도 자기 모양을 주장하지 않고 채워 주면서도 본질에는 변화가 없습니다. 이러한 무자성(無自性)은 진리의 모습과 다르지 않습니다.

라 하나님과 예수 그리스도의 참 마음인 것이지요.

하나님의 참 마음인 가난을 살아갈 때 하나님과 함께 행복을 누릴 수 있습니다. 가난을 실천하는 곳이 우리를 위하시는 하나님을 만나는 신비의 장이 되는 것입니다.

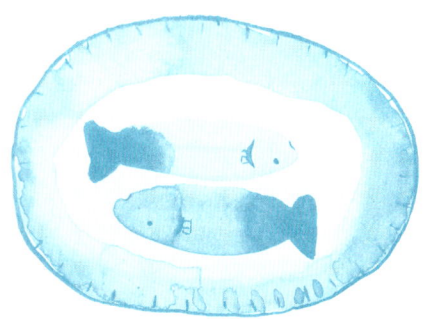

믿음은
서로 먹여 주는 것

내 계명은 곧 내가 너희를 사랑한 것같이 너희도 서로 사랑하라 하는 이것이니라. (요 15:12)

오두막 방문객들이 이구동성으로 하는 말이 있습니다.

"오두막 예배에 중보 기도 시간이 있는 점이 너무 좋습니다."

"예, 우리 오두막 예배에는 간구 기도가 없고 인도자가 드리는 감사 기도, 복음대로 살기 위해 은혜를 간구하는 복음 지향 기도 그리고 함께 드리는 중보 기도만 있습니다."

"그렇게 하시는 특별한 이유라도 있나요?"

"중보 기도는 서로에게 깊은 관심을 가지게 하지요. 중보 기도를 하려면 먼저 주위 사람들의 사정을 잘 알아야 하기 때문입니다. 또한 우리는 중보 기도를 통해서 각 사람에게 필요한 간구도 다 이룰 수 있다고 봅니다. 자신을 위해서 기도하면 응답받아도 혼자 기쁘지만 중보 기도가 응답받으면 모두가 기뻐할 수 있지요."

"그게 바로 하나님 나라와 의를 구하는 하나의 방법이 되겠네요."

"맞습니다. 이웃에 관심을 가지고 그를 사랑하는 것이 하나님 나라와 의를 구하는 것이지요."

○○○

이웃을 위해 기도하는 마음, 그것은 하나님의 뜻을 구하는 마음입니다. 내 앞에 있는 이웃을 보내신 분은 하나님이시기 때문에 여기에는 반드시 뜻이 있다고 믿으면서, 하나님이 그 뜻을 어떻게 이루고자 하시는지를 구해야 합니다. 하나님의 뜻을 이웃 안에서 찾고, 구하고, 두드리지 않으면 아무것도 없는 황무지와 같은 삶을 살 뿐입니다. 하나님의 뜻은 언제나 진정한 사랑 안에만 있습니다.

하나님의 뜻을 구한다는 것은 단지 골방에서 기도한

다는 의미가 아닙니다. 하나님 나라는 분명히 복음을 통해 전파되는 나라이며, 성령의 능력으로 이루어지는 나라입니다. 말씀을 실천하는 것이야말로 몸과 마음과 뜻을 다해 드리는 기도지요. 우리는 말씀을 실천함으로 그 안에 계시는 하나님을 만날 수 있고 성령의 역사도 체험할 수 있습니다.

성경 안에서 공의, 하나님의 의 등으로 표현되는 의는 올바른 관계를 의미합니다. 올바른 관계란 모든 이웃과 피조물이 그리스도 안에서 한 몸 된 관계지요. 그러므로 서로 사랑하는 것이 올바른 관계를 맺는 것입니다. 이는 또한 하나님 사랑의 실천적 고백입니다.

천국과 지옥에 관한 유명한 설화가 있습니다. 한 순례자가 지옥을 방문했습니다. 거기에는 앙상한 몰골을 한 사람들이 진수성찬 앞에 앉아 있기만 했습니다. 식탁에는 자신의 팔보다 긴 수저만이 있었기 때문입니다. 수저가 길다 보니 음식을 입에 넣을 수 없었던 것이지요. 그런데 천국에 가 보니 똑같은 진수성찬에 긴 수저가 놓여 있었지만 모두 건강한 모습이었습니다. 서로서로 먹여 주었기 때문이지요. 이렇듯 하나님 나라는 영적·육적으로 서로 보살펴 줄 때 이루어집니다.

"하나님의 뜻은 언제나
진정한 사랑 안에만 있습니다."

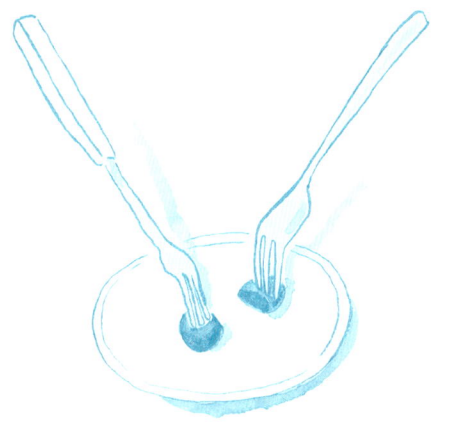

기쁨은 사랑이 지나간
자리의 흔적

깨어 믿음에 굳게 서서 남자답게 강건하라. 너희 모든 일을 사랑으로 행하라. (고전 16:13-14)

톨스토이의 단편 「사람은 무엇으로 사는가」에는 이런 이야기가 나옵니다.

하나님은 죄를 지은 천사 미카엘에게 사람에 대한 세 질문을 숙제로 주시면서 땅으로 내치셨습니다. 그중 마지막 질문은 '사람은 무엇으로 사는가?'였습니다. 이 질문의 답을 얻기 위해 미카엘은 추운 겨울, 교회 앞에서 벌거벗은 채 벌벌 떨고 있었습니다. 이때 가난한 구두 수선공이 외상값을 수금하러 갔다가 빈손으로 돌아가던 길에 미카엘을 보았습니다.

수선공은 미카엘을 그냥 지나칠까 고민했지만, 차마

발걸음이 떨어지지 않아서 자신의 외투를 그에게 입히고 자기 집으로 데리고 갑니다. 그 외투는 수선공의 집에 단 한 벌 있는 외투였습니다. 외상값을 받으러 간 것도 아내에게 외투를 사 주기 위해서였지요. 이때 미카엘은 깨닫습니다. 사람은 돈이나 건강이나 권력으로 사는 것이 아니라 사랑으로 산다는 것을 말입니다.

톨스토이가 들려주는 따뜻한 사랑이 있는가 하면, 이런 사랑도 있습니다. 폐암 말기 진단을 받고 3개월도 살기 어렵다는 이야기를 들은 어느 형제는 이렇게 말했다고 합니다. "폐암아! 니캉 내캉(너랑 나랑) 같이 살자. 내가 너를 위한 밥을 따로 더 먹어 줄게." 그는 떨어진 입맛과 싸우며 열심히 밥을 먹었습니다. "아까 먹은 밥은 내 밥이고 이번 밥은 폐암, 네 밥이다." 그러자 날이 갈수록 식사량이 늘어났고 몸의 기운도 조금씩 회복되는 것 같았습니다. 그러던 어느 날 그는 "폐암아, 니캉 내캉 등산 가자. 내가 맑은 공기 쐬어 줄게" 하고는 제대로 걷지도 못하는 몸을 이끌고 엉금엉금 기다시피 하면서 등산을 시작했습니다. 15년이 지난 지금, 그는 산악회의 베테랑 회원입니다. 그렇다고 폐암이 완전히 나은 것은 아닙니다. 그의 말처럼 동거하고 있습니다. 병을 원망하지 않고 애인처럼 사랑해 주니까 병도 감동한 것일까요? 긍정적인 마음과 사랑은 만병통치약인 것 같습니다.

자신의 아픔을 끌어안고 사랑한 그의 이야기는 그리스도인인 우리에게 마냥 낯설지는 않습니다. 그리스도인이란 죽음을 살아 내어 부활을 이루는 사람이기 때문입니다. 고통과 가난도 사랑해야 하는 이유지요. 예수님의 십자가에서도 잘 드러났듯이 사랑과 부활은 죽음을 먹고 살아나는 생명의 불꽃입니다.

이어령 교수는 번영에 물든 신앙을 꼬집어 죽음이 죽어 버린 신앙이라 하였습니다. 하나님조차 인류를 사랑으로 구원하시기 위해 죽음 이외의 방법을 찾지 못하셨습니다. 사랑은 죽음의 신비에서 태어나는 것이지요.

불치병을 사랑하기로 마음먹은 것은 아주 탁월한 발상이었습니다. 매사를 긍정적으로 생각하는 것에서 한 걸음 더 나아간 발상이라고 생각합니다. 예수님이 원수를 사랑하고, 위해 주라고 하신 것과도 같은 맥락 아닐까요?

쾌락과는 달리 모든 진정한 기쁨은 사랑이 지나간 자리의 흔적입니다. 항상 기뻐하기를 원하시는 하나님의 마음을 좇아 어떤 문제든 사랑으로 해결해 봅시다. 사랑이 하나님의 생명입니다. 사랑할 기회를 절대 놓치지 마십시오.

행복은
함께 누려야 할 의무

내가 기뻐하는 금식은 흉악의 결박을 풀어 주며 멍에의 줄을 끌러 주며 압제당하는 자를 자유하게 하며 모든 멍에를 꺾는 것이 아니겠느냐. 또 주린 자에게 네 양식을 나누어 주며 유리하는 빈민을 집에 들이며 헐벗은 자를 보면 입히며 또 네 골육을 피하여 스스로 숨지 아니하는 것이 아니겠느냐.
(사 58:6-7)

평택의 한 교회가 쌀 70포를 오두막 공동체에 기부한 일이 있었습니다. 나는 '몇 달 동안은 식구들 쌀 걱정은 안 해도 되겠구나' 하고 안도하고 있었는데 아내는 쌀을 차에 싣고 돌아다니면서 어려운 이웃들에게 나눠 주기 시작했습니다. 평소에 도와주고 싶어도 그럴 수 없어 안타까웠는데, 도움을 받기보다는 돕는 형편이 되게 해 달라고 기도했던 것이 응답되었다면서 실컷 나눠 줄 생각에 신바람이 났습니다.

그 이후로도 우리에게 들어온 것들을 이웃에게 나누어 주었지만, 우리 식구들이 쌀 때문에 걱정하는 일은 한 번도 일어나지 않았습니다. 내일 일을 미리 염려하지 않고 지금 당장 필요한 사람들과 나누려는 마음은 오직 하나님이 우리의 필요를 채우신다는 믿음에서 비롯됩니다. 나의 믿음보다 훨씬 나은 아내의 믿음을 바라보면서 나는 내심 부끄러웠습니다.

예수님의 모든 가르침에는 행복은 함께 누려야 할 의무이지 개인의 권리가 아니라는 메시지가 담겨 있습니다. 모든 것이 하나님의 것이라고 입으로만 고백해서는 안 됩니다. 그 고백은 누구든지 이 땅에 존재한다는 이유만으로도 함께 누릴 의무와 권리*가 있다는 것을 인정하고 함께 누리는 삶을 살겠

- 공도, 정의 등으로 번역되는 '미슈파트'에는 마땅히 받아야 할 몫이라는 뜻도 있습니다.

다는 결단으로 이어져야 합니다.

우리는 타인의 몫으로 쓰레기만 늘려 갑니다. 우리나라에서 하루에 나오는 음식물 쓰레기는 약 1만 4천 톤이며, 1년에 5백만 톤이나 됩니다. 미국인은 세계 인구의 4퍼센트밖에 안 되지만 약 25퍼센트의 재화를 소비합니다. 우리가 당연히 여기는 소비조차 다른 이들이 쓸 몫의 대부분을 빼앗고 쓰레기로 만드는 아주 치명적인 죄악이 될 때가 있습니다.

성경에서 얻어 낼 수 있는 관념들이 아무리 아름답고 탁월하다 하여도 사랑의 실재를 드러내지 않는다면, 모두 지적·정신적·영적 장난감 또는 그저 우두커니 놓인 장식품이 될 뿐입니다. 행동하지 않는 믿음은 아무 소용없는 믿음입니다. 그것은 우상화된 믿음이 될 수도 있습니다.

우리가 축복이라고 자임하는 것들이 우리의 탐욕을 가리고 합리화하는 빌미가 되지 않도록 조심해야 합니다. 하나님께 풍족함과 태평함을 받은 사람은 그렇지 못한 사람들을 위하여 나누라는 엄명도 함께 받은 사람입니다. 이를 깨닫고 도움이 필요한 이들을 찾아 나서야 합니다. 그들이 보이지 않았다고 핑계 대도 소용없습니다. 전 세계에서는 4초마다 한 명의 아이가 굶어 죽고 있고, 서울에는 5만 명이 넘는 고독사 대상자가 교회 가까이에 살며, 외로움과 쪼들림과 각종 고통에 몸을 움츠리다가 혼자 외로이 죽는 사람이 점점 증가하고 있습니다. 비록 의도적으로 지은 죄가 아니지만, 우리가 책임을 면할 수 없다는 생각에 두렵습니다.

마음은 한없이 넓어지고 몸은 다른 이의 밥이 되기 위하여 한없이 작아지는 것이 겸손입니다. 예수님은 가룟 유다까지 품는 넓은 마음으로 우리 모두를 초대하시고 우리를 당신의 몸으로 만들기 위하여 아주 작고 조각난 빵이 되셨습니다. 이것이 존재론적 겸손입니다. 자신의 호구지책을 먼저 마련하기보다 더불어 행복하게 살고자 해야 합니다. 진정한 믿음이란 함께 사는 것입니다. 예수님과 함께, 이웃과 함께.

감사는 모든 이웃과
함께 드리는 것

> 내가 주릴 때에 너희가 먹을 것을 주었고 목마를 때에 마시게 하였고 나그네 되었을 때에 영접하였고 헐벗었을 때에 옷을 입혔고 병들었을 때에 돌보았고 옥에 갇혔을 때에 와서 보았느니라. (마 25:35-36)

예수님이 이 땅에 오실 때 빈방 하나 없었습니다. 그분은 마치 만물의 밥이 되시려는 듯 마구간의 짐승 먹이통을 거룩한 침상으로 삼으셨습니다. 이제라도 집집마다 예수님을 모실 빈방 하나쯤 마련하면 좋겠습니다.

    귀촌·귀농하여 공동체를 이루려는 마음으로 오두막을 방문하는 분들에게 꼭 권하는 말이 있습니다. 그것은 귀촌·귀농하여 집을 지을 때 식구들이 사용할 방 말고, 출입이 자유롭고 화장실이 따로 있는 방 하나를 더 만들라는 부탁입니다. 그러면 이 땅에 집이 없어 떠도는 모든 예수님을 모실 수 있기 때문이지요. 이것은 또 우리가 '염소 성도'로 심판받지 않을 좋은 방도가 된다고 믿습니다(마 25:32).

◦ ◦ ◦

우리는 범사에 감사해야 합니다. 그러나 무엇을, 어떤 이유로 감사하는지가 신실하고 정직한 믿음이냐 아니냐를 드러내는 바로미터입니다. 힘들어도 감사해야 할 일이 있는가 하면, 형통해도 감사해서는 안 되는 일이 있습니다. 예를 들어 바리새인의 감사는 해서는 안 되는 감사였지요.

> "바리새인은 서서 따로 기도하여 이르되 하나님이여 나는 다른 사람들 곧 토색, 불의, 간음을 하는 자들과 같지 아니하고 이 세리와도 같지 아니함을 감사하나이다. 나는 이레에 두 번씩 금식하고 또 소득의 십일조를 드리나이다 하고. ⋯ " (눅 18:11-12)

이러한 감사는 이기적 감사, 얌체 감사, 무지한 감사입니다. 열 손가락 깨물어 아프지 않은 손가락 없듯이, 믿는 자와 믿지 않는 자 모두의 하나님 되시는 분께서 그런 기도를 들으면 얼마나 섭섭하시겠습니까?

나 홀로 감사는 온전한 감사가 아닙니다. 이웃과 함께 드리는 감사가 하나님이 진정으로 기뻐하시는 감사입니다. 믿음의 냉혈한들이 하는 말을 들어 보십시오. 그들은 그럴 수 없는 상황에서도 감사의 이유를 찾아내 감사해야 한다고 말합니다. 죽어서 가는 천국이 이 모든 것을 합리화하지요. 감사할 수 없는 상황에서도 감사할 이유를 찾아내라고 하는 신앙적 폭력을 가하면 안 됩니다.

감사할 수 없는 상황을 감사해야 하는 사람은 어려움에 처한 당사자가 아닙니다. 오히려 어려운 사람에게 사랑을 실천할 기회를 얻은 사람이 감사해야 합니다. 이것이 거지 나사로를 돌보지 않고 혼자 부를 누리다가 지옥에 간 부자의 비유가 주는 교훈이지요. 어려운 이들을 돌보며 그 사랑으로 인해 하나님 나라를 살 수 있게 된 것에 대한 감사가 진정한 감사, 사랑을 더한 감사입니다. 믿음도 사랑이 없으면 소용없는 믿음이듯 사랑이 빠진 나 홀로 감사 또한 소용없는 감사이지 않겠습니까?

　　　천국이나 하나님의 존재를 믿는 것에만 머물면 안 될 뿐 아니라, 영육 간에 받는 축복이 신앙의 척도라고 믿어서 안도하거나 감사해서도 안 됩니다. 이런 사람을 두고 '신학적으로는 유신론자이지만 실천적으로는 무신론자'라고 하는 것입니다.

　　　골로새서 3장 15절은 "그리스도의 평강이 너희 마음을 주장하게 하라. 너희는 평강을 위하여 한 몸으로 부르심을 받았나니 너희는 또한 감사하는 자가 되라"고 말하고 있습니다. 이 말씀도 우리의 감사가 나 홀로 또는 우리끼리의 감사가 아니라 만물의 머리가 되시는 그리스도와 한 몸 된 평강으로 모든 이웃과 피조물이 함께 드리는 감사여야 한다는 뜻 아니겠습니까?

　　　　　　　　　◌◌◌

자기중심적 감사는 하나님께 영광 돌리는 감사라기보다는 하나님을 편애하시는 분으로 만드는 모욕입니다. 하나님이 우리에게 축복을 기계적으로 분배하지 않으신 이유는 우리의 사랑을 통해 모든 것이 온전해지기를 바라시기 때문입니다. 서로 사랑하고 나누는 것은 어려움을 해결하는 방법일 뿐 아니라 모든 피조물이 함께 행복해질 수 있는 길입니다.

예수님은 교회나 인류만의 머리가 아니라 만물의 머리이시기 때문에, 우리가 예수 그리스도와 한 몸이 된다는 것은 만물과 한 몸이 된다는 것도 의미합니다(엡 1:22-23). 즉, 함께 감사할 대상에는 집의 고양이와 강아지, 산과 들의 모든 동식물까지 포함해야 한다는 뜻이지요.

서두의 이야기처럼 나그네를 위한 빈방 하나를 집에 마련한다면 그 어떤 감사 예물보다 하나님이 좋아하시지 않을까요? 그것은 함께 감사할 수 있는 방법이기도 합니다. 그 방을 쓰는 사람마다 감사할 것이기 때문입니다.

평화는 애써
채우려 하지 않는 것

> 지나치게 의인이 되지도 말며 지나치게 지혜자도 되지 말라. 어찌하여 스스로 패망하게 하겠느냐. 지나치게 악인이 되지도 말며 지나치게 우매한 자도 되지 말라. 어찌하여 기한 전에 죽으려고 하느냐. (전 7:16-17)

> 선을 행하고 전혀 죄를 범하지 아니하는 의인은 세상에 없기 때문이로다. (전 7:20)

옆에서 아무리 애를 써도 말씀대로 살려고 전혀 노력하지 않는 것 같은 형제자매를 볼 때면 마음이 너무 아프고 화도 납니다. 더군다나 10년 넘게 사랑과 참 자유를 주려고 애썼음에도 오히려 처음보다 더 불평하며 화를 내는 지체들을 볼 때면 절망감이 엄습해 옵니다. 같이 사는 다른 지체들에 대해 불평하다가 마침내는 자기를 보살펴 준 나에게까지 불평할 때는

배신감마저 느껴져 치가 떨리기도 합니다.

이런 속마음과는 달리 나는 늘 웃는 모습으로 "그래, 내가 잘못했어" 하며 상냥하게 대하자니 이번에는 나 자신이 위선자가 아닌가 하는 불쾌감이 몰려왔습니다. 그러던 어느 날, 그리스도인인 신달자 시인이 방송에서 하는 이야기를 들었습니다. 그는 채워지지 않는 것을 굳이 채우려고 안달하지 말고 그대로 두고 바라볼 줄도 아는 여유가 필요하다면서 그렇게 사는 것이 평화라고 말했습니다.

"채우려 하지 않고 잘 사는 것이 평화라?" 나는 이 말을 곱씹으면서 채워지지 않는 것을 아직 피어나지 않은 꽃봉오리처럼 바라보리라 결심했습니다. 피어나지 않은 꽃봉오리도 피어난 꽃만큼 아름답게 보기로 한 것이지요. 그렇게 생각하니 모든 불평과 반항이 내 사랑이 아직 고픈 꽃봉오리요, 사랑을 애원하는 세레나데처럼 여겨져서 배시시 웃음이 새어 나왔습니다. 여전히 가슴은 아리지만, 평화가 파도처럼 저만치서 밀려오는 것을 느낄 수 있었습니다. 사랑은 영원한 것입니다. 영원한 것은 결코 이 세상에서 채울 수 없습니다. 그날이 오면 채워질 것입니다.

어떻게든 채우려고 했던 나의 마음은 어쩌면 '하나님같이' 되고자 하는 욕심일 수도 있을 것 같습니다. 오두막 형제자매를 향한 은밀한 소유욕과 지배욕일지도 모릅니다. 그러므로 소유욕을 포기하는 것은 하나님만 의지한다는 신앙 고백이며, 지배욕을 포기하는 것은 이웃을 사랑하고 참 자유를 공유하고자 하는 결단입니다. 예수님이 말씀하신 세상 임금에 대한 심판에는 오늘날 횡행하는 소유와 지배의 심판도 포함되어 있습니다. 나눔과 섬김으로만 구원에 이를 수 있습니다. 이러한 종의 리더십을 유념해야 합니다.

소유욕과 지배욕, 선악의 이원론을 버리고 서로 하나 되는 참사람의 삶을 회복하는 것이 회개의 본질입니다. 정신적인 것이든 물질적인 것이든 억지로 채우려고만 한다면, 그것은 우리를 지배하는 우상이 될 수 있습니다.

어떤 것을 개선하기에 앞서 있는 모습 그대로의 의미를 꼼꼼히 새겨 보는 자세가 언제나 필요합니다. 이는 절대 발전하면 안 된다는 뜻이 아닙니다. 모든 것은 하나님이 있게 하신 것이고 하나님이 있게 하셨다면 분명히 뜻이 있을 것이라는 깨달음으로부터 모든 것을 시작해야 올바를 수 있다는 의미입니다.

전도는 삶을 나누는 공동체로의 초대

> 이같이 너희 빛이 사람 앞에 비치게 하여 그들로 너희 착한 행실을 보고 하늘에 계신 너희 아버지께 영광을 돌리게 하라.
> (마 5:16)

오두막과 이웃하여 사는 집의 93세 할머니가 어느 날부터인가 치매 증상을 보이기 시작했습니다. 자녀들과 이웃 사람들은 할머니를 요양 병원에 보내지 않으면 큰일이 날 수도 있다면서 걱정이 이만저만 아니었습니다. 그래서 도시에 살고 있는 자녀들이 할머니를 억지로 요양 병원에 입원시켰는데, 할머니는 그길로 식음을 전폐해 버렸습니다. 병원을 찾아온 아들에게 할머니는 이렇게 말했다고 합니다.

"나는 오두막에서 밥 얻어먹고 살란다."

"오두막에서 받아 준답디까?"

"그래, 안 물어봐도 내가 다 안다."

"그러세요? 그럼 제가 확인하고 퇴원시켜 드릴 테니까 그동안이라도 제발 식사를 하세요. 안 그러면 돌아가십니다."

아들은 오두막을 찾아왔고, 우리 공동체에 사는 할머니들이 서로 앞다투어 할머니를 모시고 살 테니 걱정 말고 보내 달라고 했습니다. 이렇게 해서 세 분의 할머니가 치매 할머니를 돌보며 함께 살게 되었습니다. 소소한 문제들이 가끔 생기기는 하지만, 할머니는 아주 생기 있게 살아가고 계십니다. 얼마 전에는 세례도 받으셨지요. 이 소식을 전해 들은 동네 사람들은 자기 일처럼 기뻐했습니다.

치매 노인을 품은 공동체의 사랑은 뭇사람들의 칭송을 받아 하나님의 영광이 되었을 뿐 아니라, 할머니와 오두막 식구들 그리고 모든 동네 사람의 기쁨과 행복, 희망이 되었습니다. 치매가 사랑을 만났을 때 모두가 하나님의 영광이 되었고 서로가 서로에게 또 다른 행복을 더하는 기회가 되었습니다.

진정한 전도란 사람을 교회로 데려오는 것이 아니라 교회가 그에게 다가가려 노력하는 것입니다. 믿음은 공동체와 하나님 안에서의 살아 있는 관계를 통해 태어납니다. 믿음은 공부를 통해 좀 더 풍성해지고 튼튼해질 수는 있지만, 그것을 통해 얻을 수 있는 것은 아니지요. 하나님의 말씀을 그저 이해한다고 해서, 말씀대로 행하기로 작정한다고만 해서 살아 있는 믿음이 되지 않습니다. 믿음은 말씀을 이해함으로써 만들어지는 것이 아니라 삶 속에 심겨 태어나야 하는 것입니다.

오늘날의 교회는 믿음을 찍어 내는 인쇄소가, 신자들은 인쇄기 속을 드나드는 종이가 된 것은 아닐까요? 우리가 가진 믿음의 형태를 자세히 들여다보면 '복사된 믿음' '교회용 믿음' '기복적 믿음' 등 자기 입맛에 맞는 믿음에 안주하는 것은 아닌가 하는 생각을 지우기 어렵습니다.

교회용 믿음은 믿음의 한 형태라기보다는 교회 생활과 일상생활의 괴리가 크거나 믿음이 관념적 동의 형태를 벗어나지 못하는 일반적 경향을 일컫습니다. 기복적 믿음은 이 세대의 가치관을 복음과 뒤섞고 합리화하는 경향을 보이지요. 우리는 개인의 평안과 안정을 얻고 사후를 보장받는다는 확신을 가지기 위해 말씀과 예배를 '소비'하고 있지 않은지 면밀히 살펴보아야 합니다.

사도 바울은 그리스도 안에서 1만 스승이 있으나 아버지는 많지 않다고 한탄하며, 자신은 고린도 교인들을 복음으로 낳았다고 말했습니다(고전 4:15). 교회는 그리스도인을 찍어 내선 안 되고, 출산하는 사람의 심령과 실천으로 한 사람을 태어나게 해야 합니다. 태어난 후에는 부모와 자식같이 여기며 가족 사랑 안에서 함께 살아야 하겠지요. 그런데 혹시 전도한 사람이 교회에 출석한다는 것만으로 만족스러워하고 역할을 다했다고 생각하고 있지는 않습니까? 말로는 사랑한다고 하지만 그저 입에 발린 말로 끝나는 것은 아닌지 살펴보아야 합니다.

우리가 한 사람을 전도해서 예수님을 믿게 했다는 것은 피붙이가 한 명 늘어났다는 것을 의미합니다. 삶을 공유하고 책임과 어려움을 함께 지며 사는 피붙이 말입니다.

"믿음은 삶 속에 심겨
태어나야 하는 것입니다."

천국은
이웃의 발 아래

내가 주와 또는 선생이 되어 너희 발을 씻었으니 너희도 서로 발을 씻어 주는 것이 옳으니라. 내가 너희에게 행한 것같이 너희도 행하게 하려 하여 본을 보였노라. (요 13:14-15)

아내의 막냇동생 부부가 오두막으로 이사 오면서 공동체는 더욱 풍요로워졌습니다. 이들 부부는 연금도 넉넉하고 아파트도 한 채 갖고 있어서 직장 다닐 때는 즐기지 못했던 도시 생활을 누릴 수도 있었지만, 남은 생애를 가난하고 어려운 사람들을 위해 봉사하며 살기로 결심했습니다.

부부는 아담하게 꾸민 테라스에서 공동체 식구들과 모든 방문객에게 향기로운 차와 과일을 대접하고 기념사진도 즉석에서 찍어 주고는 합니다. 또 운동하기 싫어하는 심신 미약자들과 노약자들을 위해 뒷산에 등산로를 만드는 데 앞장섰습니다. 한 달에 한 번은 공동체 식구들을 데리고 소풍도 가고, 매주 신청받은 영화를 상영해 주기도 하지요.

　　　이 같은 생활을 전해 들은 처제 부부의 친구들은 참 보람되고 행복하겠다고 그들을 부러워합니다. 정말 이들 부부처럼 사는 것이 행복한 삶 아닐까요? 행복하게 섬기기 위해 아래로 내려온 이 부부에게 박수를 보냅니다.

〰〰〰

천국은 이웃의 발 아래 있습니다. 예수님의 천국 복음은 구유에서 출발하여 제자들의 발 아래로 그리고 가장 낮은 십자가로 이어졌습니다. 우리의 죄는 높고 큰 것을 욕망함으로 우리를 포함한 모든 피조물의 고유한 정체성을 망가뜨린 것입니다. 이에 예수님은 낮아짐을 지향하심으로 우리의 죄를 해결하셨지요.

　　　예수님은 하나님의 아들이시지만 우리를 사랑하는 모범이 되시기 위하여 하늘 보좌를 버리시고, 평민이 되어 버린 다윗의 후손 요셉과 마리아의 아들로 오셨습니다. 능히 돌들로 빵을 만들 수 있는 분이지만 가난한 노동자로 사셨지요.

초기 교회도 그러했습니다. 주인이든 노예든 한 몸을 이루는 가족 공동체였으며, 함께 식탁 공동체를 이루는 애찬 공동체, 그리스도와 더불어 모두가 한 몸임을 기억하는 성찬 공동체, 서로를 위해 기도하고 하나님을 예배하는 마을 교회 공동체였지요. 히브리서 13장 16절은 이렇게 말합니다.

오직 선을 행함과 서로 나누어 주기를 잊지 말라. 하나님은 이 같은 제사를 기뻐하시느니라.

히브리서 기자는 사랑하기 위해 서로 나누고 자발적 가난을 실천하는 것이 진정한 예배라고 했습니다. 그렇다면 그 예배가 이루어지는 삶의 현장이 진정한 의미의 성전이라고 할 수 있습니다. 주님이 제자들의 발을 씻기신 것도 우리가 몸을 낮추고 비천함과 불편함을 받아들일 때 진정으로 주님을 따르는 사람이 될 수 있다는 교훈을 줍니다.

2부
참된 사랑의 모습

사랑하는 자들아 우리가 서로 사랑하자.
사랑은 하나님께 속한 것이니 사랑하는 자마다
하나님으로부터 나서 하나님을 알고.

(요일 4:7)

가을이 오면

> 땅이 스스로 열매를 맺되 처음에는 싹이요 다음에는 이삭이요 그다음에는 이삭에 충실한 곡식이라. 열매가 익으면 곧 낫을 대나니 이는 추수 때가 이르렀음이라. (막 4:28-29)

오두막 공동체를 어머니의 마음으로 사랑해 주시고 섬겨 주시던 이희우 전도사님은 91세 되던 해에 췌장암 말기 판정을 받으셨습니다. 젊은 나이에 홀로되신 전도사님은 70세까지 고향 교회를 섬기셨습니다. 은퇴 후에도 호스피스 사역을 17년 동안 하시면서 책을 두 권이나 쓰시는 등 오히려 더 왕성하게 활동하셨습니다. 오두막에 오셔서 받은 감동을 『다르기 때문에』(경기미디어)라는 소책자에 담아내기도 하셨지요.

전도사님과 함께 지낸 4년이라는 세월은 그리 긴 시간이 아니었지만, 오두막 식구들과 마을 사람들에게는 뜨거운 사랑을 체험하는 감동의 시간이었습니다.

편안한 공동체 숙소를 굳이 마다하시고 마을 한가운데 불편한 방을 얻어 기거하시면서 마을 사람들을 전심으로 섬기셨습니다. 그 결과로 마을 사람 열 명이나 세례받는 기적 같은 일도 일어났습니다. 우리가 10년 넘게 봉사하며 애를 써도 마음을 열지 않던 동네 사람들인데 말입니다.

전도사님은 돌아가시는 순간까지 환자들에게 복음을 전하고자 17년을 몸담았던 전주 엠마오 병원에 입원하기로 결정하셨습니다. 어떠한 통증이나 자각 증상이 없으셨는데도 말입니다.

전도사님을 보내 드리는 자리에서 나는 고별사 대신에 김용석 시인의 "가을이 오면"이라는 시를 낭독했습니다.

가을이 오면

나는 꽃이에요
잎은 나비에게 주고

꿀은 솔방 벌에게 주고

향기는 바람에게 보냈어요

그래도 난 잃은 게 하나도 없어요

더 많은 열매로 태어날 거예요

가을이 오면

의사는 2개월도 살기 어려울 것이라고 했지만, 전도사님은 2년이 다 되도록 건강하게 지내셨고, 93세의 나이로 소천하셨습니다. 시신까지 기증하시고 이 땅을 떠나셨습니다.

한평생 자신을 비우고 사신 전도사님의 삶은 하나님 이외의 어떤 것도 숭배하지 않는 겸손한 삶이었습니다. 전도사님의 삶에서 볼 수 있듯이 자기를 비우는 가난은 사랑을 역동적으로 만듭니다. 지적·영적·물질적 부를 올바르게 사용할 방향을 가난이 제시하기 때문입니다.

하나님 역시 우리를 구원하기 위해 가난해지셨습니다. 즉, 하나님의 가난은 하나님의 사랑인 것이지요. 사랑 말고는 어떤 동기도 없는 것, 그리고 그 사랑에 반하는 어떤 문제도 방기하지 않고 해소하려는 노력이 가난이지요. 가난의 반대는 교만입니다. 우리의 삶에서 일어나는 독재, 획일화, 분열, 다툼, 전쟁, 차별이지요.

가난한 자에게 천국을 선포하며 시작된 복음은 '내가 너희를 사랑한 것같이, 즉 내가 가난으로 너희를 사랑한 것같이 너희도 그 같은 가난으로 서로 사랑하라'로 완성되는 셈입니다. 복음 안에서 가난과 연약함과 내어 줌은 사랑의 창조성과 자유성, 영속성을 만들어 냅니다.

친해지면
다 해결됩니다

친구는 사랑이 끊이지 아니하고 형제는 위급한 때를 위하여 있느니라. (잠 17:17)

너희는 내가 명하는 대로 행하면 곧 나의 친구라. (요 15:14)

오두막에서 함께 살기 위해 다양한 사람들이 모여들고 있을 때 한 형제가 제게 말했습니다.

"장로님, 우리 공동체도 이제 조직을 갖추고 생활 규칙도 만들어야 하지 않을까요? 너무 무질서한 것 같습니다. 말을 듣지 않는 사람도 많습니다."

"가정을 조직하지는 않지요. 공동체도 조직하는 것이 아니라 가정처럼 태어나고 자라는 것입니다."

"뜻은 좋지만 너무 이상적인 말씀 아닙니까? 제가 제일 고참인데도 제 말을 듣지 않습니다. 저를 책임자로 임명하시고 효과적으로 일할 수 있게 조직도 갖추게 해 주십시오."

"식구들과 친하게 지내나요?"

"친해지려야 친해질 수가 없어요. 하는 꼴들을 보면 정나미가 떨어져서 징그럽습니다."

"조직과 규칙이 없어서 일이 안 되는 것이 아니라 아직 친해지지 않았기 때문에 일이 안 되는 것입니다. 먼저 친해지려고 노력해 보세요."

"친하게 대해 주면 오히려 막 기어오르려고 할걸요."

"물론 그럴 수 있습니다. 그러면 좀 더 친해지려고 해 보세요. 정말 친해지면 모든 문제가 해결될 것입니다."

"그래도 질서를 잡기 위해서는 최소한의 규칙이라도 있어야 하지 않겠습니까?"

"규칙이 많은 곳은 결코 살기 좋은 곳이 아닙니다. 에덴동산에 규칙이 몇 개 있었지요?"

"한 개요."

"그게 뭐라고 생각합니까?"

"선악을 알게 하는 나무의 열매를 먹지 말라고 하신

것 아닙니까?"

"그래 그 뜻이 뭐라고 생각하느냐고요."

"교만하여 하나님같이 되려 하지 말라는 뜻 아닙니까?"

"그건 선악을 따지며 서로 싸우지 말라는 뜻입니다. 그러면 사랑이 깨지거든요. 친해질 수도 없고요. 선악과 명령의 일차적 의미는 죽지 말라는 당부지요. 명분이 충분해도 사랑 없는 삶은 죽은 삶이기 때문입니다."

"그래서 하나님은 싸우지만 말고 마음껏 살라고 하신 것이네요."

"그럼요. 서로 따지다 보면, 친해지기는커녕 싸우게 되지 않습니까? 친해지려고만 노력해 보세요. 친해지면 모든 문제가 자연스럽게 해결될 뿐 아니라 행복해집니다. 하나님과 친하게, 이웃과 친하게 사는 것이 영생이지요."

악을 무찌르는 가장 탁월한 방법은 진정한 친구가 되기 위해 끝까지 노력하는 것입니다. 죄를 지은 사람도 하나님이 지으신 귀한 존재이며, 우리의 친구이자 형제가 되어야 할 존재지요. 하나님의 아들이자 참사람인 예수님이 직접 밝히신 자신의 정체성도 우리의 친구이며 형제가 아니었습니까?

> 너희는 내가 명하는 대로 행하면 곧 나의 친구라.
> (요 15:14)

더 사랑하는 쪽이
더 아프지요

> 유월절 전에 예수께서 자기가 세상을 떠나 아버지께로 돌아가실 때가 이른 줄 아시고 세상에 있는 자기 사람들을 사랑하시되 끝까지 사랑하시니라. (요 13:1)

우리 오두막에는 술을 참기가 어려울 때면 다른 사람들을 힘들게 하는 형제가 서너 명 있습니다. 결혼한 형제들도 있는데, 그중 한 형제의 아내가 어느 날 성경 묵상 시간에 질문했습니다.

"아무리 노력해도 변하지 않는 사람 때문에 받는 고통을 계속 참는 것이 의미가 있을까요?"

"그것은 하나님의 기다리심에 함께 참여하는 고통입니다. 하나님이 기다려 주시니 우리도 희망을 잃지 말고 기다려야 하지 않을까요?"

"결과가 어떻게 되든 끝까지 인내하며 사랑하는 마음을 잃지 않도록 해야 하는 것이죠?"

이렇게 질문하는 자매는 '그만하면 할 만큼 했으니 포기해도 괜찮다'라는 말을 듣고 싶었는지도 모르겠습니다. 그러나 나는

"언제나 더 사랑하는 쪽이 약자가 되고 더 아픈 법이지요. 조금만 더 기다려 보세요. 하나님도 우리와 같은 마음이시니까 우리의 마음을 알아주실 것입니다"라고 말했습니다.

다독이면서도 은근히 다그치는 내 모습을 자각하고는 '하나님, 우리에게 조금만 더 자비를 베풀어 주십시오' 하고 속으로 기도를 올렸습니다.

누가복음 15장은 백에서 하나의 분리, 열에서 하나의 분리, 둘에서 하나의 분리를 심층적으로 다루고 있지요.* 이 모든

---

* 잃은 양을 찾은 목자 비유, 잃은 드라크마를 찾은 여인 비유, 잃은 아들을 되찾은 아버지 비유.

분리는 이원론적으로 분리하는 지식을 통해 하나님같이 될 수 있다고 생각하는 선악과의 허구에서 비롯됩니다.

'하나님같이' 되는 것의 진정한 의미는 분리하는 데 있지 않습니다. 하나님같이 되는 것, 즉 하나님을 닮는 것은 사랑하는 것입니다. 하나님같이 되려고 분발하는 것은 사랑할 수 없는 이유를 해체하는 것입니다. 하나님의 사랑은 아무 조건이 없으며 결코 틀린 길로 가지 않습니다. 그 사랑의 신비에 동참하는 것이 '하나님같이' 되는 것이지요.

원수와 가라지까지 품고 한 몸의 정신으로 살라 하신 예수님의 말씀에 따라 사는 것이 하나님같이 사는 것입니다. 서로 한 몸같이 사랑하며 사는 교회 공동체를 이루어 가는 것이 하나님의 마음입니다. 그래서 온전한 회개도, 믿음도, 사랑도, 영생도 그리스도와 한 몸을 이루는 교회와 이웃 공동체 안에 있어야 합니다. 우리가 한 몸으로 살기 원하시는 하나님 아버지의 마음은 외면하고 그 옛날 율법주의자들처럼 자기 신앙만을 지키려는 사람들은 심판의 대상입니다. 다른 사람과 함께 나누지 않는 믿음은 사랑이 없는 헛된 믿음, 소용없는 믿음, 교만한 믿음이 되지요. 서로가 한 몸같이 되려 하기보다는 사후에 천국 가기 위한 수단으로 하나님을 믿는다면 하나님이 그런 이들을 구원해 주시겠습니까? 만일 그렇다면 유대인들이 먼저 구원받지 않았겠습니까? 굳이 예수님이 이 땅에 오실 필요도 없었겠지요.

우리는 단지 예수님이 십자가를 지셨다는 사실만으로 구원받는 것이 아닙니다. "아무든지 나를 따라오려거든 자기를 부인하고 날마다 제 십자가를 지고 나를 따를 것이니라"고 하신 것처럼(눅 9:23), 십자가를 지신 예수님을 믿을 뿐 아니라, 그것을 본받아 자기 십자가를 지고 따라가야 구원받을 수 있습니다.

예수님은 끝까지 사랑하시기 위해, 우리의 평화를 위해 십자가를 지셨습니다. 그리고 우리에게도 십자가를 지고 끝까지 사랑하라고 하십니다. 그분은 우리를 끔찍이 사랑하셨기에 그 모진 고통을 참으시고 끝내 죽으셨습니다. 우리에게 사랑의 아픔이 있다면 기뻐합시다. 예수님을 닮아 가고 있다는 증거이기 때문입니다. 우리가 아무리 아파도 예수님만큼 아프지는 않을 것입니다. 예수님은 지금도 우리와 함께 아파하고 계시기 때문입니다. 더 사랑하기 때문에 약자가 되고 마음 아파하는 것은 예수님을 따르는 우리의 올바른 모습입니다.

3등을 원하는
아이의 알맞음처럼

이르시되 진실로 너희에게 이르노니 너희가 돌이켜 어린아이들과 같이 되지 아니하면 결단코 천국에 들어가지 못하리라. 그러므로 누구든지 이 어린아이와 같이 자기를 낮추는 사람이 천국에서 큰 자니라. (마 18:3-4)

오두막에서는 매주 목요일마다 영화를 상영합니다. 대형 극장이 부럽지 않을 정도로 시설이 수준급입니다. 언젠가 <천국의 아이들>이라는 영화를 보고 큰 감동을 받았는데 그중 일부 내용을 소개하려고 합니다.

'알리'라는 아이는 여동생의 신발을 실수로 잃어버립니다. 그러던 중 때마침 지역에서 열린 마라톤 대회의 3등 상품이 운동화라는 것을 알고는 대회에 참가하지요. 하지만 문제가 있었습니다. 알리가 달리기를 너무 잘했기 때문에 1등을 하는 것보다 3등으로 들어오기가 오히려 어려웠던 것입니다. 속도를 늦추면 4, 5등으로 처지고 조금 힘을 내면 다시 1등이 되곤 하였습니다. 그는 마지막 속도 조절에 실패하여 결국 1등으로 들어오게 됩니다. 다른 사람들은 알리를 축하해 주었지만, 그는 3등을 하지 못한 것에 크게 실망하고 울상을 짓습니다. 이 아이는 경쟁에서 이기는 것이 아니라 사랑하는 여동생을 위한 실질적 필요에 집중했던 것입니다.

성경에 보면 예수님이 열두 살 어린아이였을 때 성전에서 어른들과 말씀을 논하신 일이 나오지요. 성경은 이때 어떤 대화가 오갔는지에 대해서는 침묵하고 어린 예수님과 그를 용납하는 어른들에 대한 그림만 남겨 둡니다. 그렇다면 이 장면이 교훈하는 것은 무엇일까요? 어린아이가 신선하게 해석하는 말씀에 매료된 어른들의 기쁨 아닐까요. 그들은 어린 예수님의 해석을 들으며 선입견, 고정관념, 타성으로부터의 해방을 느꼈을 것이라고 나는 생각합니다.

예수님은 어린아이에게 배우지 않으면 결단코 천국에 들어갈 수 없다고 하시지 않았습니까? 여기서 중요한 부분은 어린아이의 낮음입니다. 어린아이의 낮음은 맹목적 겸손이 아니라 자신에게 꼭 맞게 생각하고 꼭 맞게 바라는 한계의 정당함이지요.『작아서 아름다운』(IVP)의 작가 애슐리 헤일스가 하나님이 무질서에서 질서를 창조하셨다기보다는 무한에서 유한이라는 한계를 창조하셨다고 말하는 것과 같은 맥락입니다. 운동화가 필요해서 3등을 하려 했던 알리처럼 말입니다.

◠◠◠

돌을 들어 보아라. 거기에 내가 있으며,
나무를 베어 보아라. 거기에 내가 있을 것이다.

위경 도마복음에 나오는 구절입니다. 석수는 돌을 들며 하나님을 발견합니다. 목수는 나무를 베며 그분을 만나지요. 하나님은 각자에게 알맞은 방식으로 자신을 계시하십니다. 신발과 옷은 자기 몸에 꼭 맞아야 한다는 것은 잘 알면서 신앙과 말씀의 옷은 무조건 크고, 비싸고, 화려해야 한다는 것은 모순 아닐까요? 좀 소박하더라도 자기에게 맞는 옷이라야 입을 수 있지 않겠습니까?

낮아지기를 개의치 않는 마음, 욕망보다는 필요에 집중하는 마음, 이것이 겸손의 진정한 의미입니다.

약함을 유지하고
지키는 힘

그러므로 내가 그리스도를 위하여 약한 것들과 능욕과 궁핍과 박해와 곤고를 기뻐하노니 이는 내가 약한 그때에 강함이라. (고후 12:10)

예수원의 대천덕 신부님이 예수원을 '광야의 실험실'이라고 했다는데, 우리 오두막도 그런 실험을 했던 시기가 있었습니다. 유기농 산란계를 키우는 데 성공하여 경제적 자립이 코앞에 다가왔을 때 일입니다. 소득에 대한 욕망이 식구들 사이에서 들끓기 시작했습니다. 대부분 알코올 중독자인 그들에게 돈이 주어지면 어떻게 될지 불 보듯 뻔한 상황에서 나는 깊은 고민에 빠졌습니다. 기도 끝에 닭 마릿수를 5분의 1 수준으로 줄이기로 했고, 공동체 식구들에게 제안했습니다.

"여러분은 지금까지 다른 사람이 전해 주는 신앙을 머리로만 배웠습니다. 우리 함께 광야를 살면서 하나님을 우리의 신앙으로 직접 체험해 봅시다. 그다음에 이 일을 의논해도 늦지 않을 것입니다. 1년 후에도 여러분의 생각이 변함없으면 나도 따르겠습니다."

양계 규모를 줄여 일부러 살림을 쪼들리게 만들었기 때문에 고생을 많이 했습니다. 힘들 때마다 기도했고, 하나님은 언제나 응답해 주셨습니다. 식구들도 처음에는 시큰둥했지만 시간이 갈수록 하나님의 역사하심을 느끼는 것처럼 보였습니다. 무엇보다도 자기들 때문에 나와 아내도 힘들게 사는 것을 보면서 우리의 진심을 깨닫는 것 같았습니다.

그럭저럭 1년이 지났고, 누구도 돈 벌게 해 달라는 소리를 하지 않았습니다. 오히려 그들은 언젠가부터 손님이 찾아올 때마다 오두막은 하나님이 먹여 주고 입혀 준다고 자랑하기 시작했습니다. 그들의 입에서 그런 말이 나온 것은 그야말로 기적이라 할 수 있습니다. 그로부터 10년이 지나는 지금까지 오두막의 재정을 위해 돈 벌자고 말하는 사람은 아무도 없습니다. 사실 이 일로 가장 큰 덕을 본 것은 나와 아내입니다. 하나님이 정말로 먹여 주시고 입혀 주신다는 것을 실감하고 확신하게 되었기 때문이지요.

> 또 네 이웃을 사랑하고 네 원수를 미워하라 하였다는 것을 너희가 들었으나 나는 너희에게 이르노니 너희 원수를 사랑하며 너희를 박해하는 자를 위하여 기도하라.

예수님은 마태복음 5장 43-44절에서 가해자와 강자가 상기해야 하는 평화의 책임을 논하지 않으시고 도리어 피해자와 약자가 이루어 내야 할 평화를 명령하십니다. 원수를 사랑하며, 박해자를 위해 기도하라는 말씀은 가해자와 강자에게는 피해자와 약자의 도움이 필요하다는 역설입니다. 아무리 예수님 말씀이라지만 납득하기가 쉽지는 않지요. 말씀대로라면 약소국인 이스라엘이 로마 제국을 사랑하고 로마 제국을 위해 기도해야 한다는 말이 될 수 있는데 그것은 오히려 친로마 세력의 논리와 같지 않습니까?

그러나 여기서 핵심은 친로마가 아니라, 평화란 근본적으로 힘에 의해서 이루어지는 것이 아니라는 사실입니다.

힘에 의한 평화는 진정성이 있는 경우라도 한시적일 뿐이며 대부분의 경우는 심각한 부작용을 겪는 평화입니다. 평화란 평화 이외의 어떤 이름이나 방법을 가질 수 없습니다. 간디가 말했듯이 평화로 가는 길은 없습니다. 평화가 길이기 때문입니다.

온전한 평화를 위해서는 언제나 우리의 연약함 안에서 하나님과 그분의 말씀만 활동해야 합니다. 복음 안에서 강함이란 사랑의 약함을 지키고 유지하는 힘입니다. 우리는 약해진 만큼 하나님의 강하심을 담아내는 큰 그릇이 될 수 있습니다. 그러므로 우리는 연약함 안에서 기도하고, 연약함 안에서 사랑해야 합니다. 예수님이 연약한 자, 억울한 자에게 하나님의 사랑과 평화를 담아낼 빈 그릇이 되라 하신 이유는 힘의 우상을 타파하고, 하나님이 직접 역사하심을 드러내기 위해서입니다.

○ ○ ○

평화를 이루려는 노력들이 실패할 수도 있습니다. 그러나 열매를 당장 못 맺더라도 씨앗들은 뿌려진다는 사실을 기억해야 합니다. 진정한 평화는 힘으로 이루어지는 것이 아니라 사랑의 마음과 마음이 모여서 하나님의 커다란 마음이 될 때 비로소 기적처럼 싹트고 피어나는 것입니다.

    실패하거나 죽임당해도 영원히 사는 평화의 씨앗이 됩시다. "그들은 우리를 묻어 버렸다. 그러나 그들은 우리가 씨앗이라는 것을 몰랐다." 그리스 시인 크리스티아노풀로스가 노래한 이 시구가 우리의 노래가 되기를 바랍니다.

다양성을
일구는 공동체

> 몸은 하나인데 많은 지체가 있고 몸의 지체가 많으나 한 몸임과 같이 그리스도도 그러하니라. … 너희는 그리스도의 몸이요 지체의 각 부분이라. (고전 12:12, 27)
>
> 해의 영광이 다르고 달의 영광이 다르며 별의 영광도 다른데 별과 별의 영광이 다르도다. (고전 15:41)

오두막 최초의 집인 50평짜리 원형 흙집을 지을 때 이야기입니다. 하루는 영기가 저녁 식사 자리에 보이지 않아서 걱정하고 있었는데, 식사가 거의 끝날 무렵 온몸이 진흙투성이가 된 채 나타났습니다. 놀란 나는 영기에게 물었습니다.

"뭘 하다가 왔길래 이 모양이니?"

"헤헤헤, 나도 흙 발랐지."

기술이 없다고 허드렛일만 시켰더니, 흙 미장하는 일이 그렇게 재미있어 보였던지 결국 일을 저지른 것이었습니다.

이튿날 산 위의 현장에 올라가 보니 예상했던 대로 울퉁불퉁하게 발린 흙은 이미 굳어 있었습니다. 간단하게 밀어내 덧칠하면 될 일이 아니었습니다. 나는 한참 동안 이 광경을 바라보다가 영기에게 말했습니다.

"그래, 함께 짓는 집이니까 너에게도 그럴 만한 권리가 있다."

그 모습을 애써 고치려 하지 않고 보존하기로 마음먹었습니다. 예쁘고 깔끔한 집보다 아름다운 이야기가 살아 있는 집이 더 훌륭한 집이라고 생각한 것이지요.

이런 생각을 하면서 영기의 모습을 물끄러미 바라보고 있는데 문득 브란카치 예배당의 프레스코 제단화에 얽힌 이야기가 떠올랐습니다.

화풍이 서로 달랐던 화가인 마사초와 마솔리노에게 벽화 작업이 맡겨졌습니다. 그러나 둘은 작업을 끝내지 못했고, 훗날 필리피노 리피가 이들을 이어 벽화를 완성했습니다. 그 역시 두 화가와는 다른 화법으로 그렸지요. 서로 다른 화풍을 가진 세 화가가 한 예배당의 제단화를 완성했다는 사실은 많은 사람을 그림 앞으로 불러들였습니다.

확연하게 드러나는 차이점 안에 숨은 조화를 발견하려고 열심히 들여다보는 사람이 늘어나는 만큼 무수한 이야기가 만들어져 브란카치 예배당은 관광 명소가 되었습니다. 나도 영기와 함께 집을 지은 이야기를 책에 썼더니 많은 사람이 그것을 보고자 찾아왔고 영기와 그 집도 덩달아 유명해졌습니다.

서로 다른 화풍으로 이루어진 제단화의 어긋남 안에는 다름으로 인한 돋보임이 있고, 영기가 울퉁불퉁 못나게 발라 버린 벽의 난해한 모습 안에는 그 울퉁불퉁함 때문에 오히려 도드라지는 아름다움이 있는 것입니다.

이러한 다양성을 아름다워하는 마음이 곧 예수님의 마음 아닐까요? 예수님은 태어날 때부터 눈이 먼 사람을 하나님의 동역자로, 시로페니키아(수로보니게) 여인의 비굴한 애걸을 최고의 믿음으로 여기셨습니다. 비천한 어부를 사람 낚는 어부로 높이셨고, 과부의 두 렙돈을 최고의 헌신으로 치하하셨으며, 순진무구한 아이들을 통해서 지고한 천국을 바라보게 하셨지요.

하지만 주의해야 할 것이 있습니다. 이 다양성이 다원주의, 혹은 혼합주의로 빠져서는 안 됩니다. 또 다양성을 추구한다는 명목으로 차별화만 추구한다고 해서 창의성이나 개성이 되는 것도 아닙니다. 다양성에는 언제나 사랑과 자유가 포함되어야 합니다. 다시 말해, 사랑과 자유 안에서 창의적 수용과 발현이 이루어질 때야 진정한 다양성이 공존할 수 있습니다. 자유와 사랑의 진정한 연합이 없다면, 그것은 혼란이고 혼잡에 불과합니다.

다 같이
한 몸 되어 평화롭게

> 그러나 나는 이렇게 말한다. 자기 형제에게 성을 내는 사람은 누구나 재판을 받아야 하며 자기 형제를 가리켜 바보라고 욕하는 사람은 중앙 법정에 넘겨질 것이다. 또 자기 형제더러 미친놈이라고 하는 사람은 불붙는 지옥에 던져질 것이다.
> (마 5:22, 공동번역)

나름 신실한 믿음과 열정을 가진 형제가 우리 공동체에 들어왔을 때 이런 일이 있었습니다. 그 형제는 심신이 미약하거나 병들어 무기력하게 살아가는 형제자매들을 보호만 하는 것은 믿음이 모자란 행동이라고 판단한 나머지 이들도 '보통 사람들'처럼 살아가게 만들겠다고 결심했습니다.

그는 이들의 의욕을 돋우기 위해 일을 하면 돈을 주겠다고 그들에게 제안했습니다. 또한, 함께 힘을 합치면 못할 일이 없다는 것을 가르치기 위해 단체 훈련을 실시했습니다. 그러나 돈으로 근로 의욕을 진작하려는 작전에 호응한 사람은 지적 발달 장애를 가진 형제 한 명뿐이었습니다. 실패한 셈이지요. 단체 훈련은 그 강제성 때문에 심신이 미약한 형제들의 불안과 두려움을 키웠고, 그들은 회피 성향과 뜻밖의 공격성을 보이기 시작했습니다. 이 또한 실패한 것이지요.

결국 그 형제는 하던 일들을 슬그머니 그만두었고 모든 식구에게는 다시 평화가 찾아왔습니다. 그러나 돈을 받으려고 일했던 발달 장애인 형제는 지금도 돈을 주지 않으면 아무 일도 하지 않으려고 합니다. '정상'으로 살게 하겠다는 형제의 노력은 후유증만 남긴 셈이지요.

무엇이 '정상'일까요? 함께 화평을 누리며 사는 것이 정상 아닐까요? 예수님의 교훈에 따르면, 함께 사는 삶을 가로막는 모든 장해물을 없애는 것이 화평이요, 정상이지 않겠습니까? 성경은 우리가 추구하고 회복해야 할 정상에 대해 이렇게 말합니다.

> 너희는 평강을 위하여 한 몸으로 부르심을 받았나니.…
>
> (골 3:15)

　능력 있는 자와 없는 자가 다 같이 한 몸 되어 평화롭게 사는 것이 정상이겠습니다. 많은 사람이 개인주의적 삶을 사는 것과 끝없이 발전을 추구하는 것을 정상이라고 여겨 왔고, 지금도 그러하며 그 결과로 지구는 회복될 수 있는 수준을 넘어 위기와 재앙의 단계에 이르렀다고 생각하면 더욱 그런 것 같습니다. 그러므로 우리는 관점을 전환해야 합니다. 쓸모없어 보이는 것일지라도 그것의 참 쓸모를 깨닫는 것이 아름다운 사랑의 모습이자 믿음의 공동체의 진짜 모습입니다.

빛은 어둠과 다투지 않습니다
사라지게 할 뿐입니다

> 나는 너희에게 이르노니 악한 자를 대적하지 말라. 누구든지 네 오른편 뺨을 치거든 왼편도 돌려 대며 또 너를 고발하여 속옷을 가지고자 하는 자에게 겉옷까지도 가지게 하며 또 누구든지 너로 억지로 오 리를 가게 하거든 그 사람과 십 리를 동행하고 네게 구하는 자에게 주며 네게 꾸고자 하는 자에게 거절하지 말라. (마 5:39-42)

공동체의 아침 식사를 담당하는 자매가 말했습니다.

"아침 식사 때 쓰려고 둔 식자재가 없어져서 낭패를 당하는 일이 너무 자주 생겨요. 대책을 좀 세워 주셔야겠어요."

나는 한동안 이 문제를 어떻게 해결할지 고민하며 하나님께 지혜를 구했습니다. 그러던 어느 날 기막힌 생각이 머리를 스쳤습니다.

"자매님, 식자재가 없어지는 만큼 더 준비해서 공개된 장소에 두고 필요한 사람은 누구든 가져갈 수 있다고 광고하면 어떨까요?"

이 방법은 식자재를 몰래 가져가는 사람의 피치 못할 사정이나 잘못된 습관을 정죄하지 않고 해소함으로 죄가 생길 환경을 소멸시키고 그의 처지를 이해할 기회로 삼았다는 데 큰 의미가 있습니다.

식자재를 몰래 가져가던 사람은 죄책감 대신에 자유를 느낄 것이고, 죄를 짓게 되는 환경이 동료들의 이해와 사랑 안에서 소멸하는 것에 감격했을 것입니다. "악한 자를 대적하지 말라. 누구든지 네 오른편 뺨을 치거든 왼편도 돌려대[라]"는 말씀은 단순히 마음 좋은 척하라는 뜻이 아니라 죄를 만드는 원인에 대해 함께 책임짐으로써 죄를 소멸시키라는 뜻입니다.• 타인의 모든 죄와 죄의 원인 안에는 나도 공유해야 하는 책임이 반드시 있다는 것을 깨달아 죄인을 정죄하지 말고 죄만 없어지게 해야 합니다. 이것은 빛이 어두움을 소멸시키는 것과 같은 이치입니다.

• "세상 죄를 '지고 가는' 하나님의 어린양이로다"(요 1:29)에서 '아이론'(지고 가다)의 의미는 '없애다'입니다.

사도 바울은 율법이 없으면 죄도 없다고 했습니다(롬 4:15). 어떤 형태의 율법일지라도 그것이 정당하게 여겨진다면 아직 죄 된 상황에서 벗어나지 못했다는 증거입니다. 태초에는 법이 없었습니다. 법 없음이 본래입니다. 굳이 말하자면 선악과를 따 먹지 말라는 법이 있었지요. 그러나 그것은 단지 법을 만들지 말라는 법이었을 뿐입니다.

우리에게는 예수님이 주신 단 하나의 법인 '내가 너희를 사랑한 것같이 서로 사랑하라'는 법만 있을 뿐입니다(요 13:34). 진정한 사랑이란 법 없이 아름답게 사는 것입니다. 그렇게 사랑하며 사는 일상이 구원인 것이지요.

예수님은 악을 대적하지 말고 더 큰 사랑으로 사라지게 하라고 하십니다. 사랑의 빛으로 모든 악의 어두움을 사라지게 할 수 있기 때문입니다.

음식의 가장 안전한
저장고는 이웃의 배

너는 네 떡을 물 위에 던져라. 여러 날 후에 도로 찾으리라.
(전 11:1)

그런즉 너희는 먼저 그의 나라와 그의 의를 구하라. 그리하면 이 모든 것을 너희에게 더하시리라. (마 6:33)

한 방문자가 물었습니다.

"좋은 말씀 참으로 감사한데, 가장 중요한 질문이 하나 남아 있습니다. 많은 식구가 먹고 입고 생활하자면 비용이 엄청 들 것인데 재정 문제는 어떻게 해결하시나요?"

나는 하나님이 공급해 주신다고 짤막하게 대답했습니다.

"물론 하나님이 공급해 주시지만, 그 방법이 있을 것

아닙니까?"

"하나님은 그분이 가르쳐 주신 방법을 통하여 공급하십니다."

"그게 무엇입니까?"

"먼저 그의 나라와 의를 구하는 것이지요."

"아 네…."

그것은 원론적 이야기이지 구체적이지는 않다고 실망하는 것 같았습니다. 그래서 이렇게 덧붙였습니다.

"하나님의 나라는 그리스도의 한 몸 된 공동체입니다. 또한 의는 올바른 관계를 뜻하며 그리스도와 한 몸 된 관계입니다. 지구상에는 120억 명이 먹을 식량이 항상 있습니다. 그러나 전 세계의 많은 사람이 굶주리고 있지요. 즉, 문제는 식량이 없는 것이 아니고 한 몸 된 관계를 이루는 그 나라와 의가 없는 것이지요.

오두막 공동체는 '우리끼리'를 넘어 멀고 가까운 이웃들과 삶을 공유합니다. 우리는 직접 돈 버는 일은 거의 하지 않습니다. 농사를 짓고 유기농 산란계를 기르는 일을 작게 할 뿐입니다. 남는 채소나 곡식, 달걀은 이곳저곳 선물합니다. 또 우리는 가족들과 함께 살기 어려운 사람들을 품어서 어려운 가족들을 돕습니다. 물론 대가나 돈을 요구하지는 않습니다. 그러나 이러한 나눔은 우리에게 다시 돌아옵니다.

'서로 사랑하라'는 말씀이 우리를 먹이고 입히는 셈이지요. 게다가 우리는 세상 사람들이 필수적이라고 여기는 것들에 대한 소비를 줄여 나가며 살고자 하기 때문에 그다지 많은 비용이 들지도 않습니다. 다른 사람들이 쓰는 돈의 10분의 1 수준으로도 차와 커피를 마시고, 빵을 만들고, 소풍도 가고, 영화도 보는 등 모자람 없이 생활합니다."

내 말을 다 들은 그가 한마디 했습니다.

"그건 오두막 공동체에서나 가능한 것이네요."

"먹고 남은 음식의 가장 안전한 저장고는 가난한 이웃의 배라는 사실은 누구에게나 만고불변의 진리지요."

우리 오두막은 '서로' '더불어' '함께' '같이'라는 가치 아래 가장 느린 자와 함께, 가장 낮은 자와 더불어 가려 합니다. 탐욕이 우리를 살아가게 하는 동력이 되지 않도록 조심합니다. 가난은 하나님의 모든 것이 흘러들 수 있는 공간입니다. 오두막 공동체는 이러한 가난을 동력으로 살아가려는 것이지요.

　　하나님과 피조물인 인간은 오직 사랑 속에서 영원히 어우러집니다. 인간은 능동적 비움을 통해 자신을 하나님께 올려 드리고, 그렇게 가난해짐으로 높으신 하나님의 사랑을 아래로 흐르게 합니다. 이것이 바로 사랑의 영원한 순환, 영생의 선순환입니다.

우리 모두에게는 우아하게 살 권리와 책임이 있습니다

> 하나님이 지으신 그 모든 것을 보시니 보시기에 심히 좋았더라. 저녁이 되고 아침이 되니 이는 여섯째 날이니라. (창 1:31)

예수님은 어린아이같이 되지 않으면 결단코 천국에 들어갈 수 없다고 하셨지요(막 10:15). 그분은 반드시 어린아이같이 되어야 한다고 말하기 위해 '결단코'라고 강조하셨습니다. 그런데도 우리는 어린아이같이 되는 일에 너무 무관심한 것 아닐까요?

어린아이의 특징 중 하나는 감격을 잘한다는 것입니다. 우리 공동체에는 40세 발달 장애인 영기 '어린이'가 있습니다. 영기는 이웃 할머니들의 건강을 위해서 기도 제목을 낼 만큼 믿음도 대단합니다. 채소밭의 잡초를 뽑아내는 작업이

끝날 때쯤이면 그는

"우아! 꽃밭 이쁘다!" 하고 탄성을 지릅니다. 그는 꽃밭과 채소밭을 구분하지 않고 모든 밭을 꽃밭이라고 부릅니다. 손님 안내도 담당하고 있는 영기는 자매이기만 하면 60대 손님이라도

"우아! 예쁜 누나네!"를 연발하며 반갑게 맞이합니다. 오두막에 오니까 예쁜 누나 소리도 다 듣는다면서 얼마나 행복해들 하는지 모릅니다. 공동체에서 힘든 작업을 하는 날이면 주방에서 특식을 준비하는데 이때도 영기는

"우아! 맛있겠다!"라고 감탄합니다. 이처럼 우리 공동체에서 가장 우아한 사람은 영기입니다. 우리도 천국의 우아한 시민이 되려면 감사와 감격의 탄성인 "우아!"를 연발하는 어린아이같이 되어야 하지 않을까요?

사랑과 감사는 하나님이 예비해 두신 신비의 길을 여는 열쇠가 됩니다. 모든 불합리와 죄 가운데서도 하나님의 손길을 발견하게 합니다. 힘든 상황일수록 하나님이 더욱 적극적으로

개입하신다는 것은 신앙의 신비지요. '죄가 더한 곳에 은혜가 더욱 넘쳤다'라는 바울의 고백처럼 말입니다(롬 5:20).

무학대사가 이성계에게 말했듯이 '돼지 눈에는 모든 것이 돼지로 보이고 부처 눈에는 모두가 부처로 보이는 것'이지요. 그러므로 내 마음 안에 사랑과 아름다움이 있는지가 중요합니다. 사랑하는 마음이 있는 사람에게는 모두가 사랑스럽고, 아름다운 마음이 있는 사람에게는 모두가 아름다운 것입니다. 먼저 사랑해야만 올바르게 판단할 수 있습니다.

이러한 삶을 혼자 살기란 어렵습니다. 아마 영기도 사랑받는 공동체 안에 있지 않았다면 우아하게 살 자질을 발현할 수 없었겠지요. 그러므로 함께 살 수 있는 삶의 장을 회복하려는 노력이 중요합니다. 큰 결단만 있으면 그다지 어려운 일이 아닙니다. 제약과 위험이 비교적 적고 여유로운 농촌에 복음적 생태 자립 마을 교회 공동체를 건설하면 문제를 해결할 수 있습니다.

3부
진리는 땅에서 솟아나고

진실로 그의 구원이 그를 경외하는 자에게 가까우니
영광이 우리 땅에 머무르리이다.
인애와 진리가 같이 만나고 의와 화평이 서로 입맞추었으며
진리는 땅에서 솟아나고 의는 하늘에서 굽어보도다.

(시 85:9-11)

희년을
사는 공동체

> 너희가 그 땅에 거주하는 동안 너희가 안식할 때에 땅은 쉬지 못하였으나 그 땅이 황무할 동안에는 쉬게 되리라. (레 26:35)

소모 또는 소비를 뜻하는 'consumption'은 몸을 갉아먹는 폐결핵과 같은 단어라고 합니다. 오늘날 소비 열풍은 지구를 황폐하게 하는 폐결핵과 같은 것이지요. 스무 개의 선진국이 세계 경제의 80퍼센트를 지배하고, 전 세계 탄소 배출량의 75퍼센트 이상을 차지합니다. 우리나라도 이웃의 자원을 앞장서서 강도질하는 나라 중 하나입니다. 이들이 배출한 쓰레기는 한반도 면적의 일곱 배가 넘는 쓰레기 섬이 되어 태평양을 떠다니고 있습니다. 또 지구촌에서 버려지는 음식물 쓰레기는 연간 40억 톤이라고 합니다. 음식물 쓰레기를 처리하는 과정에서 발생하는 온실가스는 전체 온실가스의 약 10퍼센트입니다. 이러한 상황이 이어진다면 지구촌의 환경 재앙은 점점 증가할 것이고 빈민도 더욱 늘어날 것입니다.

이 문제를 어떻게 해결할 수 있을까요? 산업 발전과 자유 시장 경제에서 점차 벗어나 생태적 삶을 사는 토지 공동체˚를 회복해야 합니다. 레위기 26장은 율법과 규례와 법도를 어떻게 지켰느냐에 대한 상벌을 논하는 장인데 가장 많이 언급된 단어가 '땅'입니다. 무려 스물일곱 번이나 언급됩니다. 우리의 신앙이 땅 위와 아래 사는 모든 이웃 피조물에 대한 태도와 관련 있고, 그 결과도 땅의 징후로 나타난다는 의미입니다. 또 레위기 25장은 레위기가 안식일, 안식년, 희년을 지향하고 있음을 보여 줍니다. 예수님이 이 땅에 오신 목적도 희년 시대를 열기 위해서라고 하셨지요(눅 4:18-19). 임마누엘과 대안식년인 희년은 성경을 통해 말씀하시는 하나님 뜻의 핵심이고 예수님이 이 땅에 오신 목적의 전부입니다.

예수님은 율법을 온전하게 하는 복음이 모든 것을 창조 섭리에 맞는 제자리로 돌려놓고, 자유를 회복하는 영원한

˚ 땅 위와 땅 아래 있는 모든 피조물과 상호 호혜적 삶을 구현하는 공동체.

안식과 희년적 삶의 구현을 지향한다고 밝히셨습니다. 따라서 그리스도인의 또 다른 이름은 (하나님과 함께 또 모든 피조물과 함께) '희년을 사는 사람'이 되어야 할 것입니다.

이스라엘이 율법과 규례와 법도의 최종 목표인 희년을 한 번도 실천하지 않아서 멸망했다는 것이 구약성경의 교훈입니다. 레위기 26장 34-35절은 "너희가 원수의 땅에 살 동안에 너희의 본토가 황무할 것이므로 땅이 안식을 누릴 것이라. 그때에 땅이 안식을 누리리니 너희가 그 땅에 거주하는 동안 너희가 안식할 때에 땅은 쉬지 못하였으나 그 땅이 황무할 동안에는 쉬게 되리라"고 말하고 같은 장 43절에서도 "그들이 내 법도를 싫어하며 내 규례를 멸시하였으므로 그 땅을 떠나서 사람이 없을 때에 그 땅은 황폐하여 안식을 누릴 것이요"라고 말합니다. 모든 교훈과 징계의 목적이 희년 정신의 회복에 있음을 밝히는 것이지요.

우리에게 강도당한 이웃들*을 위해 교회 공동체는 회개하는 마음으로 토지 공동체를 회복시키는 일에 전심전력을 기울여야 합니다. 이것이 진정으로 모든 피조물을 복음화하

* 지구 환경 파괴와 소위 제3세계의 극빈화·피폐화는 전적으로 소비 산업 자본주의의 일방적 폭거에서 비롯된 것입니다.

는 방법이라 생각합니다.

생태계를 회복하기 위해서는 작은 마을 단위로 살며 의식주를 자급하는 일부터 시작해야 합니다. 마을 근처 산과 들판에 수목이 우거질 수 있도록 범지구적으로 기술과 노력을 동원해야 합니다. 소위 제3세계 국가들은 산업이나 시장 경제를 일으킬 방도가 적고, 설령 일으킨다 해도 지속 가능성이 없기에 곧 쓰러지고 말 것입니다. 그들이 작은 생태 자립 마을을 건설할 수 있도록 도와야 합니다. 시편 85편 11절의 말씀처럼 진리는 우리의 발 아래서 솟아납니다. 그 말인즉슨 진리란 땅으로 말미암는 실체적 삶인 것입니다.

    존재의 지어진 모습 그대로를 신실하게 구현하는 것이 진리이고 그 진리는 땅에서 솟아납니다. 하늘 가는 밝은 길이 땅의 회복을 기원하는 우리 모두의 심령 안에 열려 있음을 상기합시다. 땅의 모습은 우리 신앙의 바로미터입니다. 본회퍼는 하나님 다음으로 중요한 것이 대지라고 했습니다. 인간이 정점인 계급 구조로 생태계를 이해해서는 안 됩니다.

현대 사회에는 땅을 외면하고 기술 발전만 추구하는 분위기가 팽배합니다. 그러나 4차 산업혁명으로 새로 생길 일자리보다 사라질 일자리가 훨씬 많다고 합니다. 소수 엘리트와 기득권층이 결국 모든 것을 독점하는 구조에는 어떤 희망도 없음을 깨달아야 합니다. 철학자 노먼 위르즈바는 '정보화 시대에 우리의 관행화된 기술 행위는 기만술이다'라고 했습니다. 즉, 기술 발전에 희망을 걸 수는 없습니다.

○○○

지속 가능한 작은 토지 공동체를 일구고 있는 곳들이 있습니다. 일본 삿포로의 비에이 마을과 후라노 마을은 목축도 하기 어려운 지역에 대규모 라벤더 정원을 만들고 사이사이에 여러 화초도 심었습니다. 관광객들이 걸어서 구경하기에는 너무나 넓은 지역이어서 한 농민은 자신의 트랙터 뒤에 관광 열차를 연결해서 운행하고, 화가는 그림을 그려서 팔고, 사진작가는 사진을 찍어서 팔고, 어떤 이는 마른 꽃들로 공예품을 만들거나 라벤더 기름을 추출하여 파는 등 생태 친화적 직업 분야를 다양하게 개발하였습니다. 불모지를 지혜롭게 가꾸어서 생업 문제도 해결하고 더불어 행복하게 사는 아름다운 환경도 만들어 낸 것이지요. 자연은 더욱 아름답고 생기 있게 꾸며졌을 뿐 조금도 훼손되지 않았습니다.

러시아는 세계 유일의 유전자 변형 식품(GMO)이 없는 청정 국가를 고수하기 위해, 이미 1,300개가 넘는 생태 마을 공동체인 가원(街園) 공동체를 더욱 활성화하는 정책을 입안했습니다.* 누구든지 가원 공동체를 일구고자 하면 그에게 3,000평의 땅을 무상으로 제공하는 법입니다. 이는 가원 공동체를 장래의 국가 경쟁력으로 삼으려는 것이지요. 이와 유사한 사례가 40여 개국에 있습니다.**

우리나라는 남북한 모두 산이 많습니다. 산을 생태 친화적으로 활용하는 직업 기술을 개발해야 합니다. 식량과 목재를 동시에 얻을 수 있는 나무들을 산에 심어야겠습니다. 예를 들어 피나무는 목재로도 훌륭하고, 꿀 수확 기간이 일주일밖에 안 되는 아카시아에 비해 한 달까지 수확할 수 있다고 합니다. 피칸 나무 역시 열매도 많고 목재로도 훌륭합니다. 산

---

* 블라디미르 메그레, 『아나스타시아』(한글샘).

** 경코샤 주베르, 레일라 드레거, 『세계 생태마을 네트워크』(열매하나).

의 고도에 따라 대추, 밤, 잣 등 견과류와 과일나무를 심고 그 아래에는 도라지, 더덕, 장뇌삼, 버섯류 등을 재배해 견과나 건강식품, 천연 조미료, 천연 향신료, 정과 등을 만드는 비(非)공장형·가내형 직업 기술을 널리 보급하고 권장해야 합니다. 그러면 급속히 진행되고 있는 가족 붕괴나 도시 집중 현상의 폐해도 해소할 수 있습니다.

　　　　옷감도 천연 목화와 누에고치, 삼, 모시 등을 이용하여 가정에서 제조 가능한 기술로 마을 공동체가 쓸 만큼만 생산하고, 재봉틀을 사용해서 직접 옷을 만드는 등, 옛 기술도 복원해야 하겠습니다. 산에서 구할 수 있는 흙, 돌, 나무 등을 활용해 생태적으로 집을 짓고 이웃이 서로 품앗이하면서 건축비가 필요 없는 건축을 해야 하겠습니다. 에너지 사용을 최소화하는 생태 기술을 개발하여 가공하지 않은 태양열, 풍력, 수력 등 일차 무공해 에너지들로 공평하고 안락하게 살 수 있도록 만들어야 하겠습니다. 지리산에 위치한 민들레공동체의 대안학교는 1년에 두 번 전기와 가스 없이 생활하는 훈련을 일주일 동안 진행합니다. 전기나 가스가 없이 살아야 할 최악의 상황을 대비하기 위해서지요.

우리 조상들에게는 환경친화적인 기술이 많이 있었습니다. 그것들을 최대한 복원할 뿐 아니라 새로운 생태 기술도 개발하여 어떤 경우에서도 안전하고 건강하게 살 수 있도록 대비해야겠습니다. 이런 것들을 연구하고 가르치는 생태 마을 직업 기술 학교 같은 곳이 많이 생기면 좋겠습니다. 오두막도 그런 본보기가 되는 마을이 되고자 합니다. 우리 오두막은 지금 있는 자리에 '생태 자립 복지 마을 교회 공동체'를 만들어 갈 것입니다. 우리의 삶과 신앙의 모든 지향을 담다 보니 이름이 길어졌습니다.

또한 오두막 공동체는 그리스도인들을 위한 귀촌·귀농 학교와 생태 마을 직업 기술 학교를 개설해서 이 운동에 참여할 인재들도 양성해 나갈 것입니다. 북한 동포들을 위한 모델을 러시아 연해주에 만들려고 할올 지역에 농지 54만 평을 확보해 2019년부터 생태 마을을 조성 중이고 옛 고려인

- 현재 고신 교단에서 파송된 이한우 선교사가 소유한 프칠로프카 농업학교는 외국에 있는 한국 문화재로 인정받았습니다. 오두막, 샬롬 공동체, 열방교회 공동체 등과 함께 업무 협약(MOU)을 맺고 복원을 추진하고 있습니다.

들의 청년 농업 학교였던 프칠로프카 농업 학교˙를 복원하는 데도 힘을 보태 남북한 농업 기술 교류에도 일조하려 합니다. 세계 최빈국인 아프리카 말라위에 생태적 자립 모델을 세우기 위하여 미국의 페이스 아카데미 재단(PAF)과 함께 생태 자립 기술 학교 설립을 진행하고 있습니다. 이렇게 오두막 공동체는 '희년을 사는 공동체'를 이루기 위해 애쓰고 있습니다.

안전거리
확보하기

여호와께서 애굽 사람들에게 재앙을 내리려고 지나가실 때에 문 인방과 좌우 문설주의 피를 보시면 여호와께서 그 문을 넘으시고 멸하는 자에게 너희 집에 들어가서 너희를 치지 못하게 하실 것임이니라. (출 12:23)

많은 경우 사람 간의 문제에는 당사자들의 개인적 문제 못지않게 그들의 삶을 담은 그릇인 구조의 문제가 크게 작용한다고 봅니다. 어떤 환경과 공간에서 사느냐가 문제의 주요한 변수가 될 수 있다는 나의 지론인데 특히 공동체로 사는 경우에는 더더욱 그러합니다.

구조적 문제를 예방하기 위한 가장 중요한 원칙은 안전거리를 지키는 것입니다. 다양한 심성과 성장 배경을 지닌 사람들이 평화롭고 행복하게 살기 위해서는 사랑과 책임을 공유하는 정신이 제일 중요하지만 서로의 삶의 공간을 지켜주는 물리적 안전거리도 대단히 중요합니다. 큰 건물을 하나 지어 놓고 그 속에서 꼭 붙어 부대끼며 사는 모습은 삶을 공유하는 것이기보다는 지옥을 공유하는 것이라고 생각합니다. 이런 분들에게 나는 단호히 외칩니다.

"안전거리를 유지하세요! 안전거리를 유지하지 않으면 아무리 운전 실력이 좋아도 사고 날 위험이 큽니다!"

어떤 이들은 또 이렇게 묻습니다.

"얼마나 떨어져야 안전할까요?"

그러면 나는 "부부 싸움 해도 들키지 않을 만큼의 거리!"라고 힘주어 말합니다.

○○○

이웃과의 좋은 관계를 위해서는 탐욕과 미움, 집착과 배타, 무관심 등으로부터의 안전거리를 유지해야 합니다. 한 몸 안의 지체 사이에는 적정 거리가 유지되어야 원활하게 기능할 수 있습니다. 그리스도 안에서 한 몸 된 관계도 마찬가지입니다. 지나친 밀착은 장애를 일으키지요.

　　　　나 자신과의 안전거리도 중요합니다. 요사이 우리는 자기 자신과의 거리가 너무나 밀착되어 있습니다. 자신과 가까워진 만큼 주님과 이웃으로부터 멀어집니다. 같은 맥락에서, 타인의 칭찬과 비판에 갇히지 않기 위한 안전거리도 지켜야 합니다.

특정 대상과의 안전거리가 필요하지만, 그 대상을 지배하고 점유하려는 '탐욕'과의 안전거리가 더욱 필요합니다. 탐욕은 우리의 포식자이기 때문입니다. 육식을 과도하게 즐기는 식탐과의 안전거리, 개발을 위해 여러 생명의 터전을 침탈하는 횡포와의 안전거리, 털과 가죽을 얻기 위한 착취의 유혹으로부터의 안전거리를 유지해야 합니다. 이 안전거리가 없어지면 탐욕은 피해 입은 자연을 이용하여 우리를 공격할 것입니다.

　　　　인간의 탐욕은 하나님을 향한 거만을 드러냅니다. 이는 결국 대재앙을 낳습니다. 한반도 전체와 맞먹는 면적을 태운 호주 산불 원인은 자연 발화였습니다. 자연 발화한 이유는 이산화탄소가 많이 배출됨에 따라 해수면의 온도가 너무 올라갔고, 이에 대기가 지나치게 건조해졌기 때문입니다.

이산화탄소를 붙들어 줄 산림이 훼손되는 것은 굉장히 위험한 일입니다. 지금 브라질에서는 한반도 면적의 네 배가 넘는 산림이 훼손되어 회복될 수 없는 상태이며, 한국도 이미 지리산 국립 공원의 아홉 배가 넘는 산림이 훼손되었습니다. 이 같은 산림 훼손과 산업 개발, 공장형 사육으로 이산화탄소와 메탄가스가 끊임없이 배출된 결과, 지구 기온 상승 방지 1.5도 목표는 결국 깨지고 말았습니다.• 우리의 탐욕이 이미 안전선을 훨씬 넘어 버린 것입니다.

탐욕과의 안전거리가 파괴된 모습은 우리의 식습관에서도 발견할 수 있습니다. 육식을 어느 정도 이상으로 즐기는 것은 복음적이지 않습니다. 비록 의도하지는 않았다 하더라도 굶주리는 사람이 먹을 음식을 가축에게 먹임으로써 이웃 사랑의 정신을 훼손하기 때문입니다. 1킬로그램의 쇠고기를 얻기 위해서는 곡류 40킬로그램을 소에게 먹여야 합니다.

• 지구 기온이 산업화 시기 전보다 1.5도가 높아지면, 기후 재앙이 생길 것이라고 전문가들은 예상합니다.

아프리카를 비롯한 가난한 나라 사람들, 특히 선진국의 무분별한 개발로 인한 기후 변화 때문에 환경 난민이 된 사람들이 먹을 식량을 소에게 먹이는 것이지요. 그러므로 가축을 공장식으로 사육하지 않고 고기를 과하게 먹지 않는 것이 이웃을 사랑하고 환경을 보호하는 것입니다.

오늘날 교회 안에는 진정한 일치와 연합의 정신이 모자라서 영적 안전망이 무너지고 있습니다. 이는 개인의 탐욕을 합리화하는 축복론과 번영 신학의 폐해로 볼 수도 있습니다. 공동체로 부름받은 우리는 한 몸 정신을 실현하기 위해 탐욕과의 안전거리를 유지해야만 합니다.

네가 흙으로
돌아갈 때까지

> 네가 흙으로 돌아갈 때까지 얼굴에 땀을 흘려야 먹을 것을 먹으리니 네가 그것에서 취함을 입었음이라. 너는 흙이니 흙으로 돌아갈 것이니라 하시니라. (창 3:19)

"정우야, 너 또 차 시동 껐지!"

"네…. 가스가 낭비되잖아요."

정우의 목소리는 점점 기어들어 갑니다. 겨울날 엔진을 예열하려고 시동을 걸어 둔 차의 시동을 꺼 버려서 야단을 맞은 일이 한두 번이 아니지만 정우는 줄기차게 시동을 꺼 왔습니다. 정우가 끄는 것은 시동만이 아닙니다. 사람이 없는 방에 불이 켜져 있으면 반드시 꺼 버리고, 식당을 데우기 위하여 미리 켜 놓은 난로를 꺼 버려 덜덜 떨면서 식사한 일도 있습니다.

우리 오두막에 온 지도 어언 10년이 되어 가는 정우는 정신 분열로 인한 정동 장애를 가지고 있습니다. 현대 의학이 제공할 수 있는 최고 수준의 약을 쓰고 있기 때문에 만약 증세가 악화된다면 현재로서는 대책이 없습니다.

그런 정우이지만 그에게도 하나님이 주신 천재적 능력이 있는데 그것은 전화번호나 차량 번호, 생년월일 등 어떤 숫자든 한 번이라도 듣거나 보면 결코 잊어버리지 않는 능력입니다. 그의 비상한 기억력은 우리 공동체에 자주 도움이 됩니다.

정우의 또 다른 천재적 행동 철칙이 바로 앞에서 언급한 '끄기'입니다. 그날은 배터리가 방전된 차를 점프시켜 겨우 시동을 건 참이었습니다. 정비소로 가기 전 잠깐 자리를 비운 틈에 또 사고를 친 셈이지요.

OECD 국가 중 한국이 지난 20년간 탄소 배출량 증가 속도가 가장 빠르고, 현재 탄소 배출 세계 3위의 악동 국가인 점을 생각한다면, 지구를 지키기 위해 우리 모두가 그와 같은 습관을 들여야 마땅하겠습니다. 정우야말로 진정으로 지구를 지키는 천재가 맞지요.

에덴동산에는 땀 흘리는 노동이 없었을까요? 땀 흘리지 않는 노동은 없습니다. 하나님은 인간이 에덴동산에 살 때도 이미 몸에 땀구멍을 만들어 두셨지요. '하나님같이' 된다는 말에는 땀 흘림 없이 모든 것을 취할 수 있다는 사탄의 유혹도 포함되어 있습니다. 이 같은 경향은 오늘날 경제와 사회 분야에서도 심화되고 있습니다. 자동화 부분이 그렇고 심지어 돈이나 금융이라 하는 가치 조작적 유령 상품까지 판매하거나 시세 차액을 조장하여 불로소득을 취하는 것들이 이에 해당하지요. 이 같은 발전들을 자세히 들여다보면 탐욕과 불의의 경쟁을 묵인하거나 합법화한 결과로 여러 부작용과 피해, 지속 불가능성 등의 폐단이 드러나고 있습니다.

  이를 두고 웬들 베리는 그의 저서 『지식의 역습』(청림)에서 말합니다. "기업 이익은 장기적 비용,* 배타적 비용**을

-     생태 파괴로 인한 피해나 쓰레기 양산에 따른 비용, 근로 조건이나 물품 사용 때문에 발생한 질병 등의 비용.
-     경쟁으로 다른 기업을 망하게 해서 발생한 비용 또는 약한 나라나 개인에게 부당한 손실을 감당하게 하는 등의 비용.

지불하지 않은 불법 소득이다. 그것은 경제 전쟁을 통해 많은 물자들을 파괴하고 다시 만드는 비용을 꾸준히 요구한다. 마치 전쟁으로 파괴하고 다시 경제 건설을 외치는 사람들처럼 부조리하다." 또 "법인도 인격이라면 사람다움이 요구된다는 사실을 잊으면 안 된다. 그러나 일단 법인이 되면 목적과 이윤 추구 이외의 모든 덕목은 약화되거나 표면적 문제일 뿐이다"라고 했지요.

웬들 베리는 소위 신앙적 기업가들도 따끔하게 꼬집고 있습니다. "주류의 신학이 되어 버린 기독교는 내 몸같이 사랑해야 할 형제자매들을 현대 경제적 또는 과학적 가치에 따라 주변화하는 데 더 이상 신경을 쓰지 않는 듯하다. 선교에서도 그런 주류에 예속된 더 나은 사회를 개발하여 사회를 선도하게 할 목표를 세우고 결국 차별받는 주변을 양산해 내는 부작용에 대해서는 관심이 없다"라고 말입니다. 오늘날 복음도 산업처럼 발전 지향론자들에 의해서 교묘하게 오용됩니다.•

- 인간의 욕망에 토대를 둔 자본주의는 자본이 부를 장악하는 구조로서 자본이 노동에 비해 항상 우위를 점하므로 빈익빈 부익부가 심화되고 있는데, 과학 기술의 개발로 점점 자동화가 진행되면서 소수의 엘리트 관리자가 고액의 연봉을 받으며 일자리를 독차지하는 데 비해 일반인들의 일자리는 점점 없어져 갑니다. 오늘날 보수 신학은 이를 선의의 경쟁이라고 옹호합니다.

경제 발전을 비롯하여 모든 문물의 발전은 자연과 인류를 약탈하는 전쟁과도 같습니다. 강한 자는 몸집을 불려 나가지만 약한 자는 축출되는 '합법적' 전쟁입니다. 살상과 시설의 파괴가 허용되는 실제 전쟁과 다르지 않습니다.• 무한 경쟁을 불사하는 모든 기업은 크건 작건 구조적으로 본다면 경제 살상 무기입니다. 대기업은 핵무기와 같은 경제적 대량 살상 무기지요. 우리는 안보를 핵무기에 의지하듯 일자리와 국가의 경제를 대기업에 의지하지만, 핵무기보다 결코 안전하지 않은 잠재적 자폭의 위험에 노출되어 있습니다.

웬들 베리는 안전하고 차별 없는 사회를 재건하기 위해 '토지는 공동체다. 그 아래, 그 안에, 그 위에 있는 모든 것들과 함께'라고 외치면서 우리 모두가 생태적 토지 공동체로 복귀할 것을 간절히 호소하고 있습니다. 웬들 베리를 포함한

- 기업 활동은 전쟁에 비유할 수 있습니다. 예를 들어서 공격적 할인 행사를 통해서 상대적으로 힘이 약한 기업을 쓰러뜨린 후에는 폭리로 그 전쟁 비용을 소비자에게 전가합니다. 그러므로 우리는 '세일 행사'에 참여해서는 안 됩니다.

많은 이가 경제 발전을 위한 난개발로 인간과 자연이 싸운다면 양쪽이 다 피해를 입겠지만 결국 망하는 쪽은 인간뿐임을 알아야 한다고 경고합니다.

아이러니하게도 인류의 굶주림은 거대 기업 농부들의 과잉 생산 때문이고, 전쟁이 끊이지 않는 이유는 강한 군대가 많기 때문입니다. 대량 생산이 부를 흡수하는 수단이 되는 이상 그것은 굶주림을 해결하기는커녕 가중합니다. 현지에서 적정 생산을 하는 것만이 식량 문제를 해결할 방법입니다. 식량 원조와 값싼 수입 농산물은 가격 경쟁력을 저하시킴으로 생산 의욕과 의지를 떨어트립니다. 그래서 가난과 기아가 늘어나는 결과를 낳지요. 다시 말하지만, 오직 지방 농업과 지역 경제 체제를 강화할 때만 이 문제를 해결할 수 있습니다.

강한 군대가 평화를 가져온다고 한다면, 왜 미국은 계속 전쟁을 하는지 설명할 수 없습니다. 자유 무역주의자들은 우리가 더 많이 소비하기 위해서는 먼저 지금보다 자급률을 떨어뜨리고 하나로 통합된 세계로 나아가야 한다고 주장합니다. 그러나 전쟁을 줄이고, 가난을 해결하기 위해서는 나라마다 소비를 줄이고 더 많이 자급자족해야 합니다

모든 분야에 하나님의 경제 원리가 적용되는 세계에

서 풍요와 절제는 상반되는 개념이 결코 아닙니다. 광야 40년이라는 풍요의 경험은 절제와 공존하지만, 낭비와는 양립하지 않습니다.•

○○○

모든 인류가 자기 손과 발걸음이 닿는 가까운 곳에서 의식주를 해결하면 될 일인데, 그것들을 돈벌이 수단으로 만들려고 하니 이동 비용이 발생하고 가격을 조작하게 됩니다. 가격을 유지하거나 올리기 위해 생산물을 썩히거나 바다에 버리는 것은 주저하지 않지만, 가난한 자들에게 식량을 공급하는 것에는 인색하지요. 또 농업이 기업화되면서 자동화와 농약 및 화학 비료 사용 등으로 값싼 농산물을 양산함으로 지역 기반의 생태 농업을 무너뜨리고 농부들의 생산 의욕도 좌절시키지요. 단일 작물을 최대한 생산하기보다는 각각의 마을 사람들에게 필요한 만큼만 생산한다면 이런 부작용을 줄일 있을 것입니다. 식량 생산을 움직이는 최고의 가치가 금전이라면

• 앨런 데이비스, 『성서 문화 농업』(코헨).

기아 문제를 결코 해결할 수 없습니다.

생태계를 복원할 방법을 최대한 빨리 찾아야 합니다. 진정으로 과학과 경영 기술이 쓰여야 할 곳이 이런 곳이지요. 우리가 망가뜨린 자연은 그대로 둔다고 회복되지 않습니다. 미국의 애리조나주 피마 카운티의 자연 보호 구역인 부에노 스아이레스 야생 동물 보호 구역이 건강하게 관리된 방목지보다 토양 안정성, 생물 다양성, 수자원의 질이라는 주요 항목의 수치가 현저하게 낮았다는 것에서 이를 확인할 수 있습니다. 오늘날의 과학과 경영 기술은 오히려 탐욕과 폭력의 시녀가 된 상태지요. 생태 복원 과학이 절실한 시점입니다. 사람(아담)은 흙(아다마)과 동질입니다. 땅을 힘들게 하면 우리도 힘들어집니다. 땅을 최소한으로 사용하여 우리의 생명을 지켜야 한다는 웬들 베리의 말은 참입니다.

삶도 뺄셈, 신앙도 뺄셈, 농사도 뺄셈입니다. 십자가 또한 썩음과 뺄셈 평화론의 절정이지요. 썩지 않는 것은 우상이 됩니다. 썩음이 새 창조의 재료가 된다는 믿음이 필요합니다. 우리가 썩어져 다시 흙으로 돌아왔을 때 하나님은 반역했던 우리를 새 피조물로 다시 창조해 주실 것입니다. 태초에 그리하셨듯이 말입니다.

"삶도 뺄셈, 신앙도 뺄셈, 농사도 뺄셈입니다."

농부는
생태 목회자입니다

> 그러한 부가 한 시간에 망하였도다. 모든 선장과 각처를 다니는 선객들과 선원들과 바다에서 일하는 자들이 멀리 서서,… 티끌을 자기 머리에 뿌리고 울며 애통하여 외쳐 이르되 화 있도다 화 있도다 이 큰 성이여 바다에서 배 부리는 자들이 너의 보배로운 상품으로 치부하였더니 한 시간에 망하였도다.
> (계 18:17, 19)

해마다 봄이 되면 나는 가지치기하는 일로 아내와 다투곤 합니다. 나는 가지를 자르지 말고 자연스럽게 자라도록 놔두자는 입장이고 아내는 깨끗하고 단정하게 잘라 주어야 한다는 입장이기 때문입니다. 그때마다 아내는 성경에도 가지치기 말씀이 있다고 말하면서 자신의 정당성을 변호하고는 합니다. 요한복음 15장 1-2절 말씀이지요.

> 나는 참 포도나무요 내 아버지는 농부라. 무릇 내게 붙어 있어 열매를 맺지 아니하는 가지는 아버지께서 그것을 제거해 버리시고 무릇 열매를 맺는 가지는 더 열매를 맺게 하려 하여 그것을 깨끗하게 하시느니라.

과수원에서 쳐내야 하는 가지는 세 종류 정도라고 합니다. 첫째, 도장지라고 부르는 쓸데없이 웃자란 가지입니다. 둘째는 다른 가지의 힘을 뺏는 가지인데 세력지라고 합니다. 셋째는 다른 가지를 짓누르는 가지로 겹지라고 합니다.

우리는 교회 공동체 안에서 어떤 가지의 모습을 하고 있을까요? 한쪽으로 치우쳐 길게 자라는 도장지, 다른 지체들의 기를 죽이는 세력지, 다른 이에게 업혀 가는 겹지는 아닌지 성찰해야 하겠습니다.

가난은 무소유가 아니라 바른 소유, 참 소유라 할 수 있습니다. 모든 이웃과 함께 누리기 위한 소유와 소비, 서로 책임져 주는 소유와 소비가 참 소유, 참 소비인 것이지요. 초기 교회의 신앙과 삶은 이처럼 모든 것을 올바르게 공유하고 소비하는 마을 공동체적인 신앙과 삶이었지요.

오늘날 이를 실현하기 위해서는 현재의 자본주의 경제 모델을 벗어나서 생태 자립 마을 경제로 전환해야만 합니다. 모든 문제를 시장이 해결한다는 신자유주의는 전 세계 10억 명이 굶주리는 결과를 만들었으며 지구 생태계 파괴로 말미암아 지속이 불가능한 경제 체제가 되었기 때문입니다.

생태 자립 마을이라는 개념은 사람만을 위하는 환경 보호 운동 개념과는 조금 다릅니다. 생태 자립 마을이란 모든 피조물이 서로에게 선량한 이웃이 되는 마을을 일컫습니다. 다시 말해서 모든 피조물이 함께 사는 것이지요. 이것은 새로운 대안이라기보다는 하나님이 창조 때부터 부여하신 삶의 방식입니다. 인위적 경제 활동이 아니기에 복잡한 유통이 필요 없는 지역 중심의 농본주의 경제 활동 안에서만 가능하지요.

예수님은 경작하거나 거두어들이지 않는 새와 식물의 비유를 통해 하나님이 먹이시고 입히시고 기르시는 '자연 경제'에 대해 말씀하셨습니다. 이것은 인위적 정복과 교역의 산물인 솔로몬의 영광과 확연히 대조됩니다. 우리가 욕심을 버리고 자기 가족이 먹을 만큼만 조금씩 경작하면서 생태계를 회복한다면 우리의 손이 닿는 곳과 걸음이 미치는 곳 안에서 삶에 필요한 모든 것을 구할 수 있게 될 것입니다.

　　　　석유 고갈이나 가격 폭등 같은 일로 운반 수단에 지장이 생긴다면 식량 운반이 어려워질 수도 있습니다. 어떤 산업보다 현지 농업을 가장 중요하게 여겨야 합니다. 모든 상품이 그렇겠지만 특히 식량을 유통하는 것은 그리 오래가지 못할 것입니다. 욕망이 이끄는 자본주의는 복음과 함께 가기 어렵지 않겠습니까?

◯◯◯

생태 자립적 지역 농본주의의 삶을 실현하기 위해서는 동원할 수 있는 자금을 모아서 농촌에 있는 산과 들을 확보하는 일을 가장 먼저 해야 합니다. 값싸고 쓸모없어 보이는 산과 들을 최대한 사들이는 것이죠. 산을 먼저 구입하고 여력이 되면 산에서 가까운 들을 사는 것이 가장 좋습니다. 산에는 나무와 흙과 돌 등 모든 건축 재료가 있고 버섯, 열매, 나물 등 식량이 되는 것들도 많기 때문입니다. 불교에서도 곡신불사(谷神不死)라 했습니다. 계곡은 죽지 않는다는 뜻인데 계곡에는 우리

의 삶에 필요한 모든 것이 있다는 의미지요.•

사들인 산과 들을 아름답게 가꾸면서 그 사이사이에 살 집과 정원을 만들고, 정원 이곳저곳에 조그마한 텃밭들을 만드십시오. 수력, 풍력, 태양광, 바이오 가스 등 친환경 에너지를 사용하십시오. 그러면 아름답고 청정한 마을이 만들어질 것입니다.

그렇게 되면 치유와 휴양이 가능한 마을이 되어서 많은 사람이 찾아들 것입니다. 이미 지구의 반 정도가 공해로 찌들었기 때문에 이러한 치유와 휴양을 원하는 이들이 아주 많습니다. 이렇게 되면 경제적으로도 충분한 여유가 생기겠지요?

이곳에서는 마냥 휴식하며 유유자적하게 보내지만은 않습니다. 마을 안에 빵집, 카페, 갤러리, 공연장과 극장, 도서실, 목공실, 도자기 가마, 대장간, 차를 마실 수 있는 다원, 운동 시설 등 생태를 파괴하지 않는 시설들을 만들어 운영할 수 있습니다.

이 모든 것들을 이웃 마을 공동체들과 공유한다면 규

• 불교 미래학자 탄허 스님은 이 세상의 변화가 순환적이라고 이해하며, 계곡에는 그 순환의 요소인 화(火)·수(水)·목(木)·금(金)·토(土)가 전부 있기 때문에 재난의 시기를 잘 견딜 수 있다고 주장했습니다.

모나 확장성 면에서도 부족함이 없을 것입니다. 또 치유와 휴양을 제공하고 받은 돈으로 지구촌 이웃을 위한 일들도 할 수 있을 것입니다. 자녀들에게 생태 직업 기술과 인격과 신앙을 가정과 마을과 교회에서 가르친다면 자녀 교육도 크게 문제가 없을 것입니다. 그러나 이런 시도들이 규모나 방법에서 조직화 또는 재도시화가 되지 않도록 각별히 주의하며 유기적 관계를 지향하는 삶을 살아야 합니다.

물론 모두가 당장 도시를 떠날 수는 없습니다. 도시에서 경쟁력이 있는 사람들은 그곳이 탈바빌론의 최전선이라고 생각하며 능력이 없거나 시골 생활을 시작하고자 하는 사람들이 먼저 '생태 자립 복지 마을 교회 공동체'를 일구고 살 수 있도록 협력하면 됩니다. 이렇게 하면 작은 자와 이웃을 자기 몸같이 돌보라 하신 예수님의 말씀도 이행할 수 있습니다. 또한 이는 적그리스도가 경제권을 장악하고 매매를 금지하는 사태가 올 때 피할 방주를 마련하는 일이기도 하지요. 도시의 모든 교회에서 시골의 한 마을과 교회를 연결하는 운동이 전국적으로 일어난다면 지구촌의 삶도 좀 더 지속 가능해질 것이고 종말도 예비하는 일석이조의 효과가 될 것입니다.

예수님 말씀을 적극적으로 순종하는 복음적 삶과 생태 회복적 삶은 서로 연결되어 있습니다. 가인의 문명인 바빌론적 문명*에서 탈출하라는 주님의 명령에 무관심하거나 거역하는 사람들은 심판을 받을 것입니다. 구약학자 앨런 데이비스는 『성서 문화 농업』에서 바벨탑 사건을 이렇게 해석합니다. 메소포타미아 지역의 비옥한 땅에 많은 사람이 몰리고 경작이 쉴 새 없이 반복되어 땅이 피폐화되기 시작했는데, 사는 사람이 많지 않아 적정 생산만 하고 살던 산간 지역이 살기 좋게 보존된 모습을 보고 많은 사람이 그곳을 향해 흩어지는 현상이 일어났습니다. 그것을 막기 위한 정책의 일환으로 대단위 건축 사업을 일으켰다가 실패한 것이 바벨탑 사건이라고 말입니다. 또한 데이비스는 그 옛날 즐비하게 세워진 지구라트는 오늘날 고층 빌딩이 그것과 같은 운명임을 시사한다고 덧붙입니다. 농본주의를 떠나 도시를 과도하게 건설하

- '가인'은 소유와 획득을 의미하기도 합니다. 인간의 행복은 소유와 획득에 있는 것이 아니라 함께 누리는 데 있습니다.

는 것은 문제의 해결책이 될 수 없다는 것이겠지요.

농부는 생태 목회자입니다. 우리 모두 생태계를 복원하고 관리하는 '농부적 삶'으로 돌아가야겠습니다. 농부적 삶으로 여러 면의 가지치기를 잘해서, 올바른 신앙과 삶으로 이어질 수 있게 해야 하겠습니다. 하나님이 지으신 창조 세계의 회복을 위하여 소비를 적절하게 줄이고 생태적 직업 기술을 복원하는 일도 농부의 삶을 직접 사는 것과 더불어 중요한 일입니다. 호지 여사의 말처럼 '오래된 미래'에 인류의 행복에 대한 답이 있습니다.* 우리는 오래된 삶으로 돌아가는 일을 마침내 에덴의 수준에 이르는 날까지 멈추지 않아야 할 것입니다.

여호와 하나님이 그 사람을 이끌어 에덴동산에 두어 그것을 경작하며 지키게 하시고. (창 2:15)

- 헬레나 노르베리 호지, 『오래된 미래』(중앙북스). 인도의 티베트라 일컫는 절해고도 라다크의 관광지화 사업 발전이 주민들의 삶을 부정적으로 변화시킨 것을 연구한 책입니다.

이 말씀에서 알 수 있듯이 하나님은 그분이 지으신 창조 세계를 일구고 돌보는 '농부적 사명'을 우리 모두에게 주셨습니다. 하나님이 가인 문명의 상징인 바벨탑을 무너뜨리신 것은 창조 세계를 돌보기는커녕 파괴하는 도시 문명에 내리실 심판을 예표하신 것임을 명심해야 합니다.

하나님은 '너희가 내 규례대로 행하고 명령을 수행하면 땅은 결실을 낼 것'이라고 하셨습니다(레 26:3-5). 즉, 땅의 소출은 하나님 말씀에 대한 인간의 순종적 결과입니다.

물신 숭배와
종말에 대비하여

> 그 음행의 진노의 포도주로 말미암아 만국이 무너졌으며 또 땅의 왕들이 그와 더불어 음행하였으며 땅의 상인들도 그 사치의 세력으로 치부하였도다 하더라. 또 내가 들으니 하늘로부터 다른 음성이 나서 이르되 내 백성아, 거기서 나와 그의 죄에 참여하지 말고 그가 받을 재앙들을 받지 말라. (계 18:3-4)
>
> 누구든지 이 표를 가진 자 외에는 매매를 못하게 하니 이 표는 곧 짐승의 이름이나 그 이름의 수라. (계 13:17)

나는 우리 공동체 식구들에게 '아이쇼핑'(eye shopping) 하지 말고, '광고 말씀'에 순종하지도 말라 합니다. 꼭 살 것이 있으면 그 물건이 있는 곳으로 곧바로 가서 물건만 사 와야 합니다. 옛날 사람들은 숲속 오솔길을 걸으며 사색에 잠기고 자연의 속삭임 속에서 주님의 음성을 들으며 위로받곤 한 것과는 달리, 기분이 울적해서, 또는 무료해서 아이쇼핑을 한다면 그것은 물건들에게 위로받으려는 물신 숭배나 다름없다고 생각합니다. 물건이 우리의 생각을 사로잡고 우리의 걸음을 이끌어 가게 되는 것이지요.

우리는 하나님이 지으신 자연과 사랑하는 이웃들 그리고 그분의 말씀 안에서 위로받아야 합니다. 하나님 말씀이 아니라, 광고 말씀에 순종하는 기쁨을 알아가려 하는 물신교 신자가 된 것은 아닌지 스스로 돌아보아야 합니다. 우리는 광고가 구매하라는 것을 구매하며, 먹으라는 것을 먹고, 살라고 하는 집에서 삽니다. 그러기 위해서 이웃은 물론 자기 자녀나 식구들도 제대로 돌볼 틈이 없을 만큼 각박하게 삽니다. 자신이 사들인 물건에 파묻혀 이것이 나의 품위이며 성공이라고 스스로 위로해 보지만 왠지 가슴 한쪽이 뚫린 듯 허전한 마음과 까닭 없이 몰려드는 우울함 때문에 행복하지 않습니다.

우리 오두막 식구들은 자연 속에서 한가하게 살며 소비와 소유의 기준을 가능한 한 낮추고, 사람들과 함께 어울리며 행복을 느낍니다. 어려운 이웃과 함께 살 수 있는 여유도 충분합니다. 우리 오두막 공동체는 우리와 함께 살기를 원하거나 도움이 필요한 사람을 아무 조건 없이 환대합니다. 사람들은 어떻게 그렇게 할 수 있는지 의아해하지만, 소유와 소비에서 자유로운 삶은 언제나 풍요롭습니다. 농사지어서 먹고, 필요한 것들을 직접 만들고, 집도 지으니까 돈이 적게 들지요. 하나님은 네 이웃을 네 몸같이 사랑하라 하셨지 집과 자동차와 재산을 네 몸같이 사랑하라 하신 적이 없습니다.

이번 장 처음에 인용한 요한계시록 18장 4절의 '거기서 나오라'는 말은 바빌론에서 나오라는 경고입니다. 중요한 것은 탈출해야 하는 중요한 이유가 소비 문제와 깊이 연관되어 있다는 것입니다. 바빌론에 살고 있는 우리는 어쩌면 소비에 중독되어 있는지도 모르겠습니다. 적그리스도도 이 약점을 잘 알기에 매매를 통제함으로 우리의 영혼을 장악하려 하는 것 같습니다. 매매가 금지되면 더 이상 도시에서 생활할 수 없습니다. 이 말은 우리의 피난 방주가 농촌에서 준비될 수 있다는 의미이며, 자연 경제로 회귀하는 것이 신앙 문제와 결코 무관하지 않다는 의미입니다.

그러나 모든 도시 성도가 갑자기 도시를 떠나는 것은

불가능하기 때문에 도시에서 바빌론의 죄에 동참하지 않을 방법도 찾아야 합니다. 두 가지를 예비해야 한다고 생각합니다. 첫째, 매매가 금지되어도 자연 경제 안에서 살 수 있는 기반 시설이 갖추어진 생태 자립 마을을 사랑하는 사람들과 함께 예비해 두는 일이 중요합니다. 준비만 되어 있다면 위기 상황이 도래했을 때 옮겨 가기만 하면 될 일입니다. 둘째, 도시에 사는 그리스도인들의 직업관이 바뀌어야 합니다. 내가 하려는 일이 창조 섭리와 복음 말씀을 거스르지 않는지, 또 하나님의 뜻인 이웃을 내 몸같이 사랑하는 것에 부합하는 공익적 일인지를 따져 보아야 합니다.

그저 성공하고 부유한 삶을 사는 것보다 하나님의 뜻대로 겸손하게 사는 것이 중요합니다. 그리스도인들은 자신의 직업으로 얼마나 돈을 벌 수 있는지보다는 하나님의 창조 섭리에 얼마나 부합하고 이웃 사랑을 얼마나 실천할 수 있는지에 더 무게를 두고 직업을 선택해야 합니다.

"여호와 하나님이 그 사람을 이끌어 에덴동산에 두어 그것을 경작하며 지키게 하시고"(창 2:15)라고 명시된 대로 우리 모두는 어떤 처지에 있든 생태 농업을 하는 농부가 되어야 할 원초적이고 공통적인 의무가 있습니다. 랍비 아하시 벤 요시아의 창세기 2장 8절 해석에 의하면 하나님은 최초의 농부셨습니다. "태초에 천지를 창조하실 때 거룩하신 이, 찬송을 받으실 주께서 먼저 씨를 뿌리셨도다."•

아파트 베란다, 옥상, 심지어는 거실에서 농부의 삶을 시도해 볼 수 있습니다. 일본의 경우처럼 고구마를 거실 화분이나 흙 자루에 재배하면 여름에 실내 온도를 낮추고 산소도 공급하고 고구마도 먹을 수 있는 일석삼조의 효과를 거둘 수 있습니다. 옥상에서는 양봉이나 벼농사도 가능하고, 분수대나 작은 연못에서 수경재배나 물고기를 기를 수도 있지요.

만약 이 세상에 먹을 것이 없어진다면 금은보화를 비롯한 모든 것이 무가치해질 것입니다. 모든 사람이 크든 작든 먼저 농사부터 지으면서 다른 일도 병행해야 합니다. 도시에서는 도시 농업을 하면 됩니다. 도시 농업을 통해 건강하고 양심적인 먹거리를 자기 가족과 이웃에게 제공하는 것을 통해

• 앨런 데이비스, 『성서 문화 농업』. 개역개정에서는 "여호와 하나님이 동방의 에덴에 동산을 창설하시고⋯."

비양심적 농업도 이 땅에서 점차 몰아내야 합니다. 요한이 들었던 하늘의 음성에 오늘날 우리도 귀 기울여야겠습니다. "또 내가 들으니 하늘로부터 다른 음성이 나서 이르되 내 백성아 거기서 나와 그의 죄에 참여하지 말고 그가 받을 재앙을 받지 말라."

모든 피조물이
이 거룩한 평화와 감사에

> 네 아우 소돔의 죄악은 이러하니 그와 그의 딸들에게 교만함과 음식물의 풍족함과 태평함이 있음이며 또 그가 가난하고 궁핍한 자를 도와주지 아니하며 거만하여 가증한 일을 내 앞에서 행하였음이라. 그러므로 내가 보고 곧 그들을 없이 하였느니라. (겔 16:49-50)

믿음이 살아 성장한다는 가장 확실한 증거는 사랑해야 할 이웃들이 그만큼 증가하는 것입니다. 그러므로 구원받은* 우리가 마침내 도달해야 할 이웃의 궁극적 범주는 온 인류와 모든 피조물이지요. 그것은 또한 밥상 공동체로서의 하나님 나라여야 합니다. 제자 공동체도 애찬과 성찬의 밥상 공동체였지 않습니까? '하나님 나라가 먹고 마심에 있지 않다'라는 말은 다툼이나 불평등이 있는 식탁에 대한 경계이며(롬 14:19-21),

그것 역시 궁극적으로는 식탁의 평화를 지향합니다.

죄악이 관영하여 유황불로 심판받을 수밖에 없었던 소돔의 죄가 우리에게는 일상인 음식의 풍족함과 삶의 태평함이며, 자신에게만 몰두한 나머지 이웃에게 관심을 두지 않은 것이라니 너무 놀랍지 않습니까? 오늘날 우리는 이를 죄라고 생각하기는커녕 하나님의 축복이요 좋은 믿음의 결과라고 여기고 있지 않습니까?

풍족과 태평을 믿음의 결과라고 자화자찬하면 그 믿음이 오히려 재앙이 되고 가증함이 될 수 있습니다. 하나님은 우리가 축복의 결과라고 여기는 그것이 소돔을 심판한 이유라고 에스겔에게 말씀하셨습니다.

아프리카 등 소위 제3세계에서 볼 수 있는 불합리한 현상들에서 잘 드러나듯, 끝없는 탐욕으로 추동하는 산업 자본주의가 자구책으로 선택한 '미화된 소비'는 그것에서 소외된 사람들을 심각한 결핍과 죽음으로 몰아갈 뿐 아니라 유한한 지구를 파괴하는 실질적 폭력이 되고 있습니다. 방심하면 우리가 모르는 사이에, 의도하지 않게 지은 죄이지만 책임을

- 구원을 의미하는 히브리어는 '야샤'인데 '지경을 넓히다'라는 뜻도 있습니다.

면할 수 없다는 생각에 두렵습니다. 깨어 있으라는 말씀에는 이런 각성도 포함되겠지요?

○○○

공동체마다 고유한 식사 기도문이 있는 것처럼, 우리도 오두막 공동체의 색깔이 담긴 기도문이 있으면 좋겠다고 식구들이 건의했습니다. 그래서 지은 기도문이 "식탁의 평화"입니다. 인류를 포함한 모든 피조물에게 식탁의 평화가 주어질 때 세계와 지구의 평화가 이루어지는 것 아니겠느냐는 생각에서 지은 것입니다.

식탁의 평화

자비로우신 하나님 아버지
우리를 먹지 못함과
옳지 못한 먹음으로부터
지켜 주심을 감사드립니다.
형제자매들의 사랑과 섬김으로

이토록 아름답고 풍성하고

건강한 식탁을

날마다 나누게 하시는 은혜

또한 감사드립니다.

모든 피조물도

이 거룩한 평화와 감사에

함께할 수 있기를

간절히 바라며

우리와 한 몸 되시는

예수 그리스도의 이름으로

이 기도를 바칩니다.

아멘.

천국은 이웃의 발 아래

초판 발행 2024년 7월 18일

지은이 이재영
펴낸이 정모세

펴낸곳 한국기독학생회출판부
등록번호 제2001-000198호.(1978.6.1)
주소 04031 서울시 마포구 동교로 156-10
대표 전화 (02)337-2257   팩스 (02)337-2258
영업 전화 (02)338-2282   팩스 080-915-1515
홈페이지 http://www.ivp.co.kr 이메일 ivp@ivp.co.kr
ISBN 978-89-328-2269-3

ⓒ 이재영 2024

책값은 뒤표지에 있습니다.
무단 전재와 복제를 금합니다.